Unser Jahr unter Corona

Ein Blick in 32 Tagebücher

*

Prisca Würgler (Hrsg.): Unser Jahr unter Corona – ein Blick in 32 Tagebücher
1. Auflage 03/2021
ISBN: 978-3-907263-05-1

Satz und Umschlaggestaltung: Sabrina Halbe, polyactive.de
Lektorat: Maurus Federspiel
Korrektorat: Manu Gehriger
Druck und Bindung: Eberl&Kösel, DE-87452 Altusried-Krugzell
Verlag: edition Zeitpunkt, Werkhofstr. 19, CH-4500 Solothurn
edition.zeitpunkt.ch

Prisca Würgler (Hrsg.)

Unser Jahr unter Corona

Ein Blick in 32 Tagebücher

edition
ZE!TPUNKT

Inhalt

Ein Blick in 32 Tagebücher

Vorwort

Willkommen

«Das ist doch alles nur Hysterie» oder «Wir werden durch die Medien manipuliert»: Solches und ähnliches war im Jahr 2020 immer wieder zu hören. Vielleicht nahmen Sie dergleichen im Gegenteil kopfschüttelnd zur Kenntnis – oder vielleicht waren Sie es selber, die Ihre Mitmenschen mit vergleichbaren Aussagen konfrontierten.

Im April versammelten sich Leute, die den Vorgängen rund um den Lockdown kritisch gegenüberstanden, erstmals öffentlich vor dem Bundeshaus Bern. Dort – und bald auch in anderen Schweizer Städten – traf man Athleten, die auf dem Steinpflaster den Kopfstand machten, Alpenangehörige im Edelweisshemd, die mit beiden Füssen auf dem Boden standen und eine Kuhglocke mit sich führten, Städter mit Bügelfaltenhose und schickem Anorak, Männer und Frauen mit und ohne Gel in den Haaren, Familien mit Kindern, Junggesellen, die erstmals in ihrem Leben einen Liedtext öffentlich vortrugen, Musiker, die mit ihren Instrumenten zum Mitsingen animierten, grauhaarige Ehepaare, Bürger, die den Verfassungstext auf sich trugen, Junge, Alte, einzeln Umherirrende – sprich: Ein bunter Querschnitt der Gesellschaft in all ihren Facetten kam zusammen!

Die Gründe dafür, an diese Versammlungen zu gehen, waren weniger bunt: Die Kritischen und Protestierenden vereinigten sich in der Sorge um die Entwicklung der bundesrätlichen Gesundheitspolitik. Auf Bannern und Plakaten war zu lesen: «Die Angst ist das Virus!», «Der Lockdown ist verfassungswidrig!», «Keine Impfpflicht» oder «Bill-geits no!»

Manche der Teilnehmer tauchten nur einmal auf, andere traf man im Laufe des Jahres regelmässig wieder. Durch immer stärker werdenden Polizeieinsatz wurde es allerdings schwieriger, die Mahnwachen abzuhalten, mancherorts wurden sie gar ganz verunmöglicht.

Doch vielen der kritischen Geister war es ernst, und wenn sie vom Bundeshausplatz vertrieben wurden, dann formierten sie sich anderswo. Die Vernetzung verlagerte sich in digitale Plattformen.

Netzwerke corona-kritischer Bewegungen schossen aus dem Boden, Vereine wurden gegründet, Websites, Telegram-Chats und -Kanäle erstellt, Briefe an Regierungen und Parlamentarier verfasst, Unterschriften von Petitionen gesammelt, Medien angeschrieben… um nur einige Beispiele zu nennen.

Die Massenmedien waren sich bald schon einig im Urteil über solche Aktivisten, die sich kritisch gegen die Massnahmen aussprachen oder gar einen Plan hinter der politischen Situation vermuteten: Sie wurden als Rechtsradikale, Corona-Leugner oder Esoteriker diffamiert.

Doch wer sind diese Menschen? Was steckt hinter dem Antrieb, an Demonstrationen teilzunehmen, gegen den Fahrplan der Regierung aktiv zu werden und sich mit einer dezidierten Meinungsäusserung Konflikte im Umfeld einzuhandeln? Ich bin selber eine von ihnen und möchte mit diesem Buch eine Antwort darauf geben. Es sind 32 Kurzportraits von engagierten Persönlichkeiten, die mir im vergangenen Jahr begegnet sind. Sie gewähren uns Einblicke in ihr Corona-Tagebuch und lassen uns auf anschauliche Weise an ihren Erfahrungen und Gedanken teilhaben. Alle ihre Geschichten stehen im Zusammenhang mit der Pandemie (manche nennen es eine Plandemie) und den damit verbundenen gesellschaftlichen und politischen Vorgängen. In der Summe werden Ihnen, liebe Leserin, lieber Leser, die einzelnen Berichte einen Eindruck der kritischen Bewegung geben.

Prisca Würgler, Herausgeberin

Alec Gagneux

Aufrecht hinstehen

«Mein Name ist Alec Gagneux – geboren bin ich im Entwicklungsland Schweiz.» So stelle ich mich seit Jahren vor. Entwicklungsland? Die Bundesverfassung wird von Politdarstellern seit Jahrzehnten mit Füssen getreten. Unter der Devise «Geld regiert die Welt», werden unsere Grundrechte ausgehebelt wie nie zuvor!

Seit bald zwanzig Jahren reise ich ans Davoser WEF. Als «Strassenarbeiter» führe ich Dialoge mit Menschen aus aller Welt. Ich verteile Flugblätter, die den hochgespriesenen Wachstumszwang in Frage stellen. Könnte das Bhutanische Bruttonationalglück (BNG) nicht auch für WEF-Häuptlinge wie etwa Christine Lagarde eine Alternativwährung darstellen? Wer wagt, kann gewinnen!

2020 war der gesamte Bundesrat am WEF. Was hatten unsere Volksvertreter bloss mit den Reichsten der Reichen zu verhandeln? Wir können nur Vermutungen anstellen.

Dass genau am Anfang des 2020er WEFs die fatale Berichterstattung um Wuhan losgetreten wurde, war mir im Januar noch nicht bewusst. Nach einem wunderschönen Skitag hatte ich Grippesymptome und lag zwei Wochen mit Fieber im Bett. Mein Immunsystem wurde damit zusätzlich trainiert.

Als der Bundesrat den ersten Lockdown befahl, waren wir gerade daran, unser Bad zu renovieren. Während wir den Boden verlegten, sagte Alain Berset im Radio: «Oberstes Ziel ist der Schutz der Gesundheit der Bevölkerung.» Schön, dachte ich, schauen wir mal, ob hierbei auch die Stärkung der Abwehrkräfte und die Entgiftung der Umwelt berücksichtigt werden. Mittlerweile wissen wir, dass es nicht um das Wohl der Bevölkerung, sondern um die Rettung des kriegerischen Finanzsystems geht, das seit 2008 im künstlichen Koma liegt und an der global subventionierten Lungenmaschine hängt. Das verzweifelte Aufblasen der Geldmenge durch die Zentralbanken konnte durch die endlose Corona-Diskussion und die Maskenlügereien medial erfolgreich unterdrückt werden. Die Spannung von Angst und Hoffnung ergänzt Brot und Spiele. Und der Mechanismus funktioniert besser als 2008: Die Staaten verschulden sich mehr denn je, und KMUs werden zu Grunde gerichtet – zum Vorteil der ganz, ganz, ganz Grossen.

An Ostern machte ich Bundesrätin Simonetta Sommaruga in einem offenen Brief darauf aufmerksam, dass die verfassungswidrigen Massnahmen den Graben zwischen Reichtumsextremen und Armutselend vertiefen. Ich versuchte die ehemalige Swissaid-Präsidentin dafür zu sensibilisieren, dass der Hunger-Tsunami wesentlich mehr Opfer fordert als die WHO-Pandemie – und stiess auf eiskalten Beton.

Wir werden uns so lange mahnwachend hinstellen, bis die Grundrechte wieder in Kraft sind. Ich bin dankbar für das einzigartige Engagement von Tausenden von Menschen.

Am Samstag, den 25. April 2020 hielt ich meine erste Mahnwache auf dem Bundesplatz. *fairCH* informierte über mein Vorhaben. Auch *zeitpunkt.ch* berichtete über «aufRECHTes Hinstehen» in Bern. Die hundert Teilnehmer hielten die Abstände gehorsam ein. Trotzdem wurden wir von der Polizei bedroht – nachdem sie selber es war, die uns zusammendrängte! Seit diesem Tag stehe ich mit vielen Ähnlichgesinnten jeden Samstag um 14 Uhr auf Schweizer Boden mahnwachend hin – und wir werden das so lange tun, bis die Grundrechte wieder in Kraft sind. Wie erfreulich, dass immer mehr Menschen friedlich und kreativ aktiv sind, um den Krieg der ReGIERungen gegen die eigenen Bevölkerungen zu beenden.

Leider drangsaliert uns die Polizei fortwährend. Willkürliche Befehle werden von den meisten Uniformierten umgesetzt, auch wenn sie ihrem Eid widersprechen. Auch Polizistinnen und Polizisten stehen natürlich durch die Abhängigkeit vom Erwerbseinkommen unter Druck: So werden Kriegsverbrecher beim WEF beschützt – Mahnwachende, die für Menschenrechte aufstehen, werden hingegen (teilweise gewaltsam) abgeführt. Mich sperrte die Polizei zweimal ein – meine Einsprachen führten zu Gerichtsverhandlungen. Verfassungstreue Rechtsanwälte unterstützen mich – und nicht nur mich – auf dem juristischen Weg zur Gerechtigkeit. Danke!

An Pfingsten stand ich das erste Mal in meinem Leben auf dem Rütli. Dort versammelten sich Menschen aus allen Regionen der Schweiz, die der Auffassung sind, dass der Bund erneuert werden muss. Daraus entstand der Verein «Freunde der Verfassung». Die Dynamik, die sich daraus entwickelte, hatte im Sommer noch niemand erahnen können. Ich bin dankbar für das einzigartige Engagement von Tausenden von Menschen: Zwei Referenden, für die wir erfolgreich Unterschriften gesammelt haben, sollen die staatliche Willkür beenden. Sicher ist, dass wir einen sehr langen Atem brauchen.

Alec Gagneux ist seit 25 Jahren selbständig als «Entwicklungsdialoger» in der Entwicklungszusammenarbeit tätig. 3 Komponenten ermöglichen Enkeltauglichkeit: 1) faire Wirtschaft; 2) freiwillige Familienplanung für alle; 3) angepasste Technologien, z.B. Solarenergie. Alec Gagneux hat das *Sommer WEFF Davos* gegründet und betreibt folgende Seiten: *weff.ch; fairCH.com*

Familie Mock

An der Wegenge

Für unser familiäres Zusammenleben bedeutete der Lockdown nichts Neues. Durch die Schulschliessung musste keiner von uns morgens das Haus verlassen, und wir durften nun einfach zusammen sein. Das hiess für uns, wieder viel mehr Zeit zusammen zu haben. Wir, das sind Mirco und Dominique mit unseren drei Buben Marin, Jolan und Arian. Unser Lebensmittelpunkt ist seit jeher die Familie und unser Zuhause, nicht der Beruf oder die Karriere. Wir sind es gewohnt, zusammen zu sein, miteinander zu leben und miteinander zu arbeiten.

Wir sind es gewohnt, zusammen zu sein, miteinander zu leben und miteinander zu arbeiten.

Endlich war nun der langersehnte Frühling da. Mit den steigenden Temperaturen nahm das Holzspalten und das Einfeuern des Kachelofens immer weniger Zeit in Anspruch, dafür begann die Gartensaison, und unser tägliches Leben verlagerte sich nach draussen, wo wir alle am liebsten sind. Die Kinder gruben Beete um, setzten Gemüsesetzlinge und suchten Gemüsesamen aus, um diese im Gewächshaus anzusäen. Sie spielten im Garten, wir machten gemeinsam Musik und lange Spaziergänge im Wald und an der Reuss. Der Bärlauch schoss aus dem Boden, und wir stellten leckeres Pesto und Kräutersalz her. Wir sammelten Huflattichblüten, um Hustentee, Sirup und Urtinktur herzustellen. Unsere Morchel-Spürnasen waren auf Empfang gestellt, denn wer die erste Morchel im Jahr findet, der erhält von der Familie besonderen Beifall. In dieser Jahreszeit sind wir alle ganz wie die Knospen, die aufspringen, voller Energie und Kraft. So weit, so idyllisch.

An einem der Reuss-Spaziergänge auf der Suche nach Morcheln kam uns eine ältere Frau entgegen. Da wir gerne mit Menschen in Austausch treten, nehmen wir bereits früh Augenkontakt auf, und nicht selten ergeben sich kurze Gespräche, besonders mit älteren Leuten. Diese Frau allerdings kam nur sehr zögerlich in unsere Nähe. Kurz bevor wir uns kreuzten, fragte sie unwirsch, wie wir denn aneinander vorbeikommen sollten, ohne dass der nötige Abstand verletzt würde. In diesem Moment wurde die Panikmache, die die öffentlich-rechtlichen Medien betrieben, für uns erst zur Realität: Es war eine tiefgreifende Verunsicherung, die wir in den Augen dieser Frau lesen konnten. Aus dieser Verunsicherung wiederum kam wohl ihr Ärger – und dies in einer Situation, die nur wenige Wochen zuvor zu einer unbeschwerten Unterhaltung hätte führen können.

Als Schulsozialarbeiterin erreichten mich, Dominique, manche Anrufe verzweifelter Mütter, die ihre Kinder nicht zu Schularbeiten motivieren konnten; sie berichteten von täglichen heftigen Streitereien. Den Druck, der auf diesen Müttern lastete, schätzte ich als sehr gross ein. Mehrfach hörte ich Sätze wie: «Bei allen anderen funktioniert das bestimmt bestens, nur bei uns klappt es nicht» oder: «Normalerweise geht mein Kind bis zu sechs Stunden in die Schule, und nun schaffen wir es oft nicht einmal, dreissig Minuten konzentriert zu arbeiten. Wie soll da mein Kind nach dieser Zeit noch mitkommen?» Obwohl es mir meist gelang, die Mütter zu beruhigen und ihnen etwas von dem Druck zu nehmen, nährten diese Gespräche unsere Befürchtung, dass die gesellschaftliche Lage hinter geschlossenen Türen viele Nöte auslöste.

Einen Hinweis hierauf trafen wir auch in der Nachbarschaft an. Auf einem freien Feuer im Garten stellten wir aus Eierschachteln, Sägemehl und Kerzenwachs Anzündwürfel für den Kachelofen her und bemerkten dabei, dass uns der dreijährige Dimitris aus der Wohnung vis-à-vis interessiert beobachtete. Als wir ihm und seiner Mutter zuwinkten und ihnen zu verstehen gaben, sie könnten sich gerne zu uns gesellen, zogen sie sich mit einer höflichen Dankesgeste sofort zurück. Wir fanden uns in nachdenklicher Stimmung wieder.

Für uns war nie die Frage, ob ein grosser Neustart auf uns zukommt, sondern lediglich wann und in welcher Verkleidung.

Für uns war es nie die Frage, ob ein grosser Neustart auf uns zukommt, sondern lediglich wann und in welcher Verkleidung. Was wir unseren Kindern mit auf den Weg geben möchten, ist selbstständig zu denken und die Verantwortung für sich selber zu übernehmen. Unsere Entscheidungen treffen wir im Bewusstsein, dass sie und unsere Enkel uns einmal fragen werden: «Wie habt ihr euch in dieser Zeit verhalten?»

Mirco (40) und Dominique (36) Mock, haben das Glück, drei gesunde Buben (9, 7, 3) aufziehen zu dürfen. Sie waren lange als professionelle sozialpädagogische Pflegefamilie tätig und hatten insgesamt dreizehn Pflegekinder für Timeouts und Kriseninterventionen bei sich in der Familie. Zur Zeit ist Mirco leidenschaftlicher Hausmann und Dominique arbeitet mit einem 50%-Pensum als Schulsozialarbeiterin.

Christoph Pfluger

Unerwartet handeln

Dass es diesmal ernst gemeint war, realisierte ich erst im März. Ich begann sofort zu recherchieren. Dabei stellte ich fest, dass es fast täglich schwieriger wurde, gute Quellen zu finden, da die Mainstream-Medien und die sogenannten Faktenchecker – die fallweise auch nützliche Arbeit leisten – die Suchmaschinen zunehmend dominierten. So begann ich, die Ergebnisse in der Datenbank Corona-Update auf der Plattform meiner Zeitschrift Zeitpunkt zu publizieren, damit die Studien und Erfahrungsberichte leichter gefunden werden konnten. Die vielen Zugriffe machten den Zeitpunkt als corona-kritische Quelle bekannt – eine Positionierung, die mir selbst für eine Zeitschrift «für friedliche Umwälzung» zu einseitig schien.

So entstand daraus die Corona-Transition, die ein wohlgesinnter Journalist und Buchautor als Wikipedia der Corona-Kritik bezeichnete. Auf alle Fälle war das Projekt sehr erfolgreich und erhielt so viel an Spenden, dass wir mehrere Journalisten anstellen konnten und damit schliesslich gegen 25'000 Besucher pro Tag erreichten. Das Ziel: den Weg in eine gerechtere Zukunft ebnen.

Im Frühling spielte ich mit Freunden zwanzig Folgen lang für Youtube den Berset in seinem Homeoffice.

Dem Absurden ist natürlich nicht nur mit Realität, nicht nur mit Journalismus zu begegnen. So spielte ich mit Freunden im Frühling zwanzig Folgen lang für Youtube den Berset in seinem Homeoffice. Das machte Spass.

Den Ernst des demokratischen Umbaus erkannte ich, als Bundespräsidentin Sommaruga Mitte April am Schluss einer Medienorientierung ankündigte, der Bundesrat würde die Notverordnungen des Lockdowns als dringliches Bundesgesetz ins Parlament bringen.

Der Bundesrat war noch immer im Blindflug, die Massnahmen waren noch nicht ausgewertet, aber schon sollten sie Gesetz werden! Ich beschloss, das Referendum zu lancieren. Sogar gute Freunde hielten die Idee für bescheuert. Ja, es ist ziemlich sinnlos, gegen ein dringliches Bundesgesetz das Referendum zu ergreifen: Abgestimmt wird ja erst, wenn es in Kraft getreten ist und die Chancen minimal sind. Aber es war die einzig mögliche politische Antwort. Also musste es sein.

Man traf auf offene Herzen, wohin man ging. Unter meinen besten Freunden ist die Mehrheit neu.

Ende Juni, ein paar Tage nach Beginn der Vernehmlassung, ging die Website *notrecht-referendum.ch* online und erreichte innert weniger Tage ein paar tausend Unterstützer. Vielversprechend. Aber ein Referendum von einer Einzelperson, das geht nicht. Also gründeten wir ein paar Wochen später die «Verfassungsfreunde». Die Idee war, dem Widerstand auf den Plätzen und in den Herzen eine politische Form zu geben, die im weiteren Verlauf der Krise eine Rolle spielen konnte. Denn Widerstand ist nie von Dauer. Wer verändern will, muss konstruktiv handeln, nicht reagieren. Im Widerstand beschränkt man sich auf das Feld des Gegners, ein kapitaler, strategischer Fehler.

Mit dem Namen Freundinnen und Freunde der Verfassung ging es darum zu signalisieren, dass wir Grundsätze haben – die Verfassung – und dass wir loyal sind, nicht nur untereinander, sondern auch gegenüber der Schweiz, der mit Abstand führenden Weltmeisterin der direkten Demokratie.

Der Erfolg des Referendums gegen das Covid-19-Gesetz und gegen das Antiterror-Gesetz – unter schwierigsten Bedingungen – war phänomenal, was sogar von den stets kritischen Massenmedien anerkannt wurde. Dieser Erfolg war vielleicht weniger das Ergebnis einer intelligenten Strategie, einer guten Organisation oder des Einsatzes von Hunderten engagierter Aktivistinnen und Aktivisten. Er verdankt sich eher dem Glück, den Nerv der Zeit getroffen und etwas Verrücktes gewagt zu haben.

Unerwartet zu handeln (aber dabei immer verbindlich und konstruktiv) scheint mir ein wesentliches Element dafür zu sein, in dieser Krisenkaskade die Oberhand zu behalten. Das ist leichter gesagt als getan. Die Lernkurve für uns alle ist steil.

Während Monaten war mein Mantra zur Beschreibung der corona-kritischen Szene: «Man trifft Freunde, die man noch nicht gekannt hat.» Tatsächlich: Man traf auf offene Herzen, wohin man ging. Unter meinen besten Freunden ist die Mehrheit neu.

Aber es zeigten sich auch Abgründe. Die Veränderung der Wirklichkeit ging so schnell und so heftig vor sich, dass sie auch uns selbst aus der Bahn warf: Wer sind wir eigentlich in diesem ganzen Theater? Eine solche Verunsicherung kann auch aggressive Impulse der Selbstverteidigung aktivieren – mit allen unerfreulichen Folgen.

Ich bin mir noch nicht sicher, ob wir die Kurve kriegen und aus dem Widerstand zu einer konstruktiven Vision gelangen, auf den Weg zu einer gerechten Schweiz, einer gerechten Welt, in der sich der Mensch verwirklichen kann – nicht als Rädchen in einer Maschine, sondern als freies Individuum, als Ebenbild von etwas Ewigem. Ich hoffe einfach, dass wir nicht durch Schaden klug werden müssen.

Christoph Pfluger (geb. 1954) ist Journalist, Buchautor («Das nächste Geld», «Die Strategie der friedlichen Umwälzung») und Verleger der Zeitschrift «Zeitpunkt. Als zehnfacher Grossvater ist Enkeltauglichkeit ein zentraler Wert seiner Arbeit. Er ist Herausgeber der Plattform *corona-transition.org* und Initiant des *Notrecht-Referendums* und der *Verfassungsfreunde*.

Karin Jana Beck

Lied zur Zeit

Bei Schneegestöber im Quartier: Eine Frau mit Maske kommt mir entgegen, ich grüsse sie freundlich, sie schreit zurück: «Sie sind schuld daran, wenn ich sterbe!» … weil ich keine Maske trage … ich bin sprachlos. Im Zug unterwegs: Sonst beginne ich viele Gespräche mit Mitreisenden, dieses Jahr fast ein Ding der Unmöglichkeit, die Menschen sind in sich zurückgezogen. Meine Freundin, die visuell blind ist, erzählt mir, dass auch sie die Leute im Tram nicht mehr «lesen» könne, da sie kein persönliches Energiefeld mehr wahrnehme – es herrscht ängstlicher Rückzug, Erstarrung, menschliche Eiszeit.

Nur weil ich nicht sterben will,
soll nicht die ganze Welt in Not geraten.

Wo wei mer hi? Wo wollen wir hin? Qualität im Leben – Qualität im Sterben – endlich leben. Ich passe meine Patientenverfügung an: «Falls mein Immunsystem mit irgendeinem Grippe-Käfer nicht mehr klarkommt ohne Intensivmedizin, bin ich bereit, diese Welt zu verlassen (auch, wenn der Virus noch x-Mal gefährlicher ist als der derzeitige). Niemand soll sich schuldig fühlen, mich angesteckt zu haben. Es ist mein Weg. Nur weil ich nicht sterben will, soll nicht die ganze Welt in Not geraten: Kinder und Erwachsene verhungern und leiden psychisch, sozial und physisch durch Lockdowns, sind bedroht in ihrer Existenz.»

Eine berührende zweite Mahnwache in Bern: Wir stehen ein für Meinungsvielfalt, offenen Diskurs und Verhältnismässigkeit. Wir führen tiefe Gespräche mit Polizistinnen und Polizisten und bedanken uns gegenseitig für die Freundlichkeit, wir teilen singend die eigenen Gedanken, verschenken Rosen; eine Muster-Mahnwache. Nur ein einziger Mann zeigt sich zum Schluss hin nicht kooperativ und wird in den Polizeitransporter weggezerrt, eine fünfminütige Episode... und am Abend in der Tagesschau? ... Einzig diese letzte Szene.

Ich bin wütend über solche verzerrten Darstellungen, traurig darüber, dass ich als fragender Mensch kein Gehör bekomme, ausgeblendet und sogar noch beleidigt werde.

Als zwangs-arbeitslose Musikerin und Stimmfrau nehme ich die entgleisten Gefühle auf und versuche, ihnen mit Bewegung und Stimme ihre Urkraft zurückzugeben.

Mein Vater (1915-1993), schon lange weit weg, taucht überraschenderweise plötzlich wieder auf: «Vertrau deiner Wahrnehmung, bleibe wachsam und schaue hinter die Bühne». Von ihm habe ich viel über Propaganda gelernt, danke.

Angst macht mir der grosse Druck, den ich wahrnehme – es herrscht Deutungs- und Meinungszwang mit einer einzigen, alternativlosen Lösung: Impfung. Ja, die Angst ist existenziell. Ich spüre ganz tief in mir, dass eine Impfung gegen meinen Willen nur über meine Leiche geht; mit dieser Klarheit schockiere ich einige meiner Liebsten, was mir Leid tut – es sind gefühlsintensive Zeiten. Eine grosse Glocke von Trauer und Angst scheint über der Welt zu schweben – als zwangs-arbeitslose Musikerin und Stimmfrau nehme ich die entgleisten Gefühle auf und versuche, ihnen mit Bewegung und Stimme ihre Urkraft zurückzugeben. Dabei entstehen neue Lieder, Geschenke, die das Herz nähren und erfreuen.

Narrenfreiheit in verrückten Zeiten: singend und mich selber mit der Ukulele begleitend durch den Wald spazieren und für die Bäume spielen. Wenn ich mich auf einer Bank niederlasse, gesellen sich manchmal Spaziergänger dazu. Auf dem Heimweg, bei der für ihre lange Wartezeit berüchtigten Bahnbarriere, singe ich auf dem Trottoir ein Lied: Autoscheiben werden heruntergekurbelt, einige singen mit, viele hupen beim Wegfahren.

Begegnung mit einem Polen in der Bahnhofunterführung; ein tiefer Austausch. Wir ziehen die Masken aus, umarmen uns spontan. Wir weinen beide so lange wie Tränen fliessen. Wortlos verneigen wir uns beim Abschied. Später schreite ich allein durch die Unterführung; wieder steigt tiefe Trauer hoch, soll ich diese jetzt unterdrücken? Nein! Ich weine, hörbar, sichtbar – verletzlich, menschlich, stark! Gefühle fliessen lassen, ist ein Weg zum Frieden. Manche Leute weichen aus, andere scheinen mich nicht wahrzunehmen, doch eine Frau tritt auf mich zu, packt mich am Arm: «Ich habe zwei Kriege erlebt. Ich kenne deine Trauer, aber sei kein Opfer, sonst machst du es den Mächtigen viel zu einfach. Steh wieder gerade hin!»

Die Sehnsucht wächst nach einer Welt mit Menschlichkeit, Kontakt, Nähe, Demut und Verletzlichkeit, einem erdverbundenen Leben. Mein Beitrag: friedvollen Widerstand leisten, Lieder zur Zeit kreieren, gemeinsam singen und jeden Tag ein Fest feiern und die Visionen nähren.

Karin Jana Beck, Ausdruckstherapeutin M.A., prozessorientierte und gesundheitsfördernde Stimmarbeiterin, Singanleiterin, Volks- und Ritualmusikerin, Alltags- und Gemeinschaftskulturschaffende, Mitinitiatorin des Sing- und Friedensprojektes: *www.stimmvolk.ch* Homepage: *www.tschatscho.ch.* Youtube-Kanal: «Musik Duenda» Mit Lieder zur Zeit und Wochenliedern u.a. «Wo wei mer hi?», «S isch itz Zyt»

Marco Caimi

Des Menschen Wolf

An einem regnerischen Dienstagabend Ende Februar 2020 sass ich mit einer Freundin, die in Basel in der dritten Generation ein bekanntes Kleintheater führt, bei einem Feierabendbier. Sie fragte mich nach meiner Prognose als Arzt, ob denn die Basler Fasnacht abgesagt werde. Ich dachte mir: «Was hat denn die geraucht?», und fragte: «Wie kommst du denn darauf?» Sie erwiderte: «Wegen diesem Corona-Zeugs!» Ich hatte mich bis zu diesem Zeitpunkt nicht sonderlich mit diesem angeblich neuen Virus befasst und die Thematik spätestens dann auch wieder beiseite getan, als ich Mitte Februar die Schlagzeile las: «Börse hat Corona bereits abgehakt!»

Von Youtube wurde ich verwarnt und gestriked, ich bekam hunderte von Zuschriften, viele positive, aber auch drei Mord- und Todesdrohungen.

Drei Tage später wurde die Fasnacht abgesagt, drei Wochen später die Schweiz dichtgemacht. Lockdown. Shutdown. Ich entschied mich, das Ganze nicht einfach über mich ergehen zu lassen, sondern mich mit dem Virus auseinander zu setzen. Knapp ein Jahr später sind mit mir als Autor hunderte Beiträge entstanden – Newsletter, Blogs und Videos auf meinem schon vor Corona existierenden YT-Kanal «Caimi-Report». Ich habe auf Demos gesprochen, war in der Presse und als Teilnehmer im «Club» des Schweizer Fernsehens (wo man mich kaum einen Satz zu Ende sprechen liess). Von Youtube wurde ich verwarnt (wegen eines alten Videos über «Pizzagate») und gestriked (wegen kritischen Impfäusserungen), ich bekam Tausende von Kommentaren und hunderte von Zuschriften – viele positive, aber auch drei Mord- und Todesdrohungen. Wegen meiner Demo-Rede am 7. November in Basel wurde ich von der lokalen Ärztegesellschaft gerügt – ohne juristisch legitimen Grund.

In meiner Männerpraxis (in der 30 Prozent der Klienten Frauen sind) wurde ich konfrontiert mit viel Leid, mit Panik, mit Ängsten, mit Schlaf- und Perspektivlosigkeit, mit häuslicher Gewalt und Suizidalität. Nicht wegen Corona, sondern wegen den evidenzlosen, unreflektierten, teilweise primitiven und menschenverachtenden Massnahmen.

Ohne freie und unabhängige Medien ist jede Demokratie nackt und unbewaffnet.

Eine Offenbarung der negativen Art waren für mich die MSM (Mainstream-Medien). Die regierungstreue Hofberichterstattung am Anfang der Plandemie sei ihnen verziehen, alles andere hätte gesellschaftlich zu noch mehr Verunsicherung geführt. Obwohl aber bald klar wurde, dass es sich bei Sars-CoV2 nicht um ein Killervirus handelte, verharrten die von Staates Seite alimentierten MSM in der Rolle der Hofschranzen. Was für eine Degeneration der einst stolzen und unabhängigen vierten Macht im Staat! Was für eine Enttäuschung auch das Verhalten der Kirchen, die ihre Häuser an Ostern und teilweise auch an Weihnachten weitgehend zusperrten! Dazu die Rolle der Juristen und Ärzte, die, mit wenigen löblichen Ausnahmen, ein erschreckend unkritisches Duckmäusertum an den Tag legten, Akademikern unwürdig!

Bisweilen frage ich mich, was die Arbeit in der Praxis noch soll in Anbetracht eines schleichenden Totalitarismus samt zunehmendem Impf-Druck. Wenn es mir aber gelingt, auch nur einen Menschen zu trösten, zu beruhigen, ihm etwas die Angst zu nehmen, ihn gar vor dem Freitod zu bewahren, dann hat sich das Aufstehen längstens gelohnt.

Die negativste Erfahrung war für mich das Verhalten vieler in Panik erstarrter Mitbürgerinnen und Mitbürger, die sich als unfähig erwiesen, hinter die Kulissen dieses hervorragend orchestrierten Pandemieplans zu blicken. Die Frage nach dem Handlungsmotiv der Obrigkeit, dem «Cui bono», wurde von den meisten nicht einmal gestellt. Die einen verharrten im Zustand willenloser Schlafschafe, andere mutierten, teilweise durch staatliche Aufforderung, zu Hilfspolizisten, Blockwarten und Denunzianten; im Visier hatten sie uns Corona-Massnahmen-Kritischen: Wir erlebten Denunziation, Anklage, Entlassung, Diffamierung, Verhaftung, psychiatrische Einweisung, Wasserwerfer und Böller – Feuer frei im Namen der Solidarität mit den Alten!

Nicht das Virus, der Mensch ist und bleibt des Menschen Wolf. Noch sind es zu wenige, die Widerstand leisten gegen staatliche Kontrolle und den Angriff auf die Individualität der Menschen. Aber es werden immer mehr. Meine Hoffnung: «Amandla Awethu!», wie die Zulu sagten – Die Macht und Kraft liegt beim Volk!

Dr. med. Marco Caimi hat in Basel die erste Männerpraxis der Schweiz gegründet. Daneben tritt er als Referent für medizinische Themen und als politischer Kabarettist auf. Er schreibt seit vielen Jahren einen Blog und hat seit 2019 auch einen eigenen YouTube-Kanal, der sich 2020 vor allem Corona-Themen widmete. *www.caimi-report.ch* (youtube), *www.marcocaimi.ch* (Blogs und Videos), *www.megaschwiizer.ch* (Kabarett), *www.maennerpraxis.ch* (Praxis)

Heidi Joos

Vor Gesslers Hut

Seit über acht Jahren engagiere ich mich als Verbandsvorsitzende für die Nöte älterer Erwerbsloser. Für den März 2020 war der Start der nationalen Volksinitiative «Schutz vor Altersdiskriminierung» geplant, die von einem breiten Bündnis getragen wird. Doch mit den ersten den Frühling einläutenden Sonnenstrahlen war plötzlich alles anders in unserem Land.

Eine Schweizerfahne unter dem Arm begab ich mich am Pfingstsamstagnachmittag auf den Bahnhofplatz Luzern. Ich war in Sorge um den Arbeitsmarkt und um die Einschränkung der Volksrechte, die unser Land auszeichnen. Einige Tage zuvor hatte ich beim zuständigen Regierungsrat für meinen geplanten stillen Protest ein Gesuch eingereicht.

> *«Für die Luzerner Beamten waren die vier Fotos, die ich vom Geschehen machte, bereits zu viel der Provokation.»*

Das Polizeiaufgebot schien mir unverhältnismässig und hatte offenbar den einzigen Zweck, die paar Aufrechten und Denkenden, die sich versammelt hatten, wegzuweisen. Aber für die Luzerner Polizeibeamten waren die vier Fotos, die ich vom absurden Geschehen anfertigte, bereits zu viel der Provokation. Sie drohten mir mit einer mündlichen Wegweisung – und für den Fall des Nichtbefolgens mit einer Festnahme. Meine Forderung nach einer schriftlichen Wegweisung, die mir zumindest die Möglichkeit der Einsprache eröffnet hätte, wurde nicht erhört.

Wo fängt sinnvoller Widerstand an, wo verneigt man sich vor Gesslers Hut? Eine Frage, die ich für mich bereits in jener Geschichtsstunde beantwortete, als Wilhelm Tell uns als Freiheitsidol angepriesen wurde. Kuschen vor Willkür: ein No-Go. Würde jeder Mensch, dort wo er steht, arbeitet und liebt, dieses Prinzip integral leben, wäre unser Dasein lebendiger und farbiger. Mir zumindest wurde es zur Lebensmaxime.

Die Polizei sah es anders. Sie nahm mich unter Anwendung von grober Gewalt fest, unterzog mich einer Leibesvisitation (nackt ausziehen) und einer DNA-Analyse und sperrte mich ohne Gewährung meiner Rechte wie der Benachrichtigung von Angehörigen oder der Kontaktaufnahme mit einem Rechtsanwalt eine Nacht lang ohne Seife in einer kleinen Arrestzelle ein.

Als ich 1979 mit 24 Jahren für die Linke in die Luzerner Parlamente gewählt wurde, hätte ich es nie für möglich gehalten, dass ich mit 65 Jahren in der gleichen Stadt, die mittlerweile von der Linken präsidiert wird, unter Anwendung von Gewalt an der Ausübung meiner Grundrechte gehindert würde. Ich tat das mir Widerfahrene in einem offenen Schreiben kund. Der Chef der Luzerner Polizei beruhigte danach die Öffentlichkeit vorsorglich, indem er aus eigenem Antrieb eine Untersuchung bei der Staatsanwaltschaft ankündigte.

Dergleichen tönt aber lediglich in den Ohren derjenigen vertrauenserweckend, die nicht wissen, dass Staatsanwaltschaft und Polizei nicht nur in den täglichen Abläufen aufeinander angewiesen, sondern auch dem gleichen Departement unterstellt sind.

Ich wurde gewarnt vor einem Verfahren gegen die Polizei. Im Innersten immer noch dem Glauben an die Rechtsstaatlichkeit anhängend, habe ich es dennoch angestrebt. Es machte mich um eine Illusion ärmer: Ein Lügenkonstrukt wurde errichtet. Die Polizei verteidigte ihre Festnahme; die Staatsanwaltschaft handelte den Sachverhalt parteiisch ab und orderte auf Jahresende Einstellung des Verfahrens unter Kostenfolge von satten 6100 Franken für mich – was genau meinem Vermögensstand entsprach. Kosten für den Polizeipräsidenten, der die Untersuchung ebenfalls anstrebte: Null. Ob David den Kampf gegen Goliath doch noch gewinnt? Die Chancen bei einem Weiterzug des Urteils sind gering, doch den Versuch muss ich wagen, denn das Urteil der Staatsanwaltschaft wird die Grundlage bilden für das demnächst folgende Verfahren der Polizei gegen mich.

«Kuschen vor Willkür war nie mein Ding.»

Das Verhalten der Polizei war unverhältnismässig, doch die Ausführenden an den Pranger zu stellen, ist falsch. Politisch verantwortlich ist ein SVP-Regierungsrat; dieser sitzt weiterhin unbehelligt auf seinem Stuhl. In Zürich führte die Festnahme eines Teilnehmenden einer Mahnwache im Parlament immerhin zu einer Diskussion über Verhältnismässigkeit, während der Luzerner Kantonsrat sich in meiner Sache ausschwieg. Auch die SP, die sich in der Corona-Politik äusserst unkritisch positioniert, blieb still. Politisch unverfänglicher schien den Gutmenschen ein Vorstoss zu «Racial Profiling».

Was einem auch immer widerfährt, nichts ist ein Grund aufzugeben. Als Nächstes wartet im Rahmen einer Volksabstimmung ein Engagement gegen den Willkürparagraphen des Bundesgesetzes über polizeiliche Massnahmen zur Bekämpfung von Terrorismus, der Rechtsprinzipien wie die Unschuldsvermutung aushebelt. In diesem Sinne danke ich allen, die in diesen wirren Zeiten Haltung und Gesicht zeigen.

Heidi Joos, dipl. Sozialpädagogin, Verlagsmanagerin, Coach DVNLP, Trainerin SVEB, Yoga-Lehrerin, war in jungen Jahren Mitglied des Luzerner Stadt- und Kantonsparlamentes. Sie ist Mitbegründerin des Verbandes *Avenir50plus Schweiz* sowie des Vereins *Allianz gegen Altersdiskriminierung.* Mittlerweile pensioniert, arbeitet sie in Freiwilligenarbeit für die Anliegen älterer Erwerbsloser.
www.avenir50plus.ch,
www.heidijoos.ch

Andreas Thiel

Realzynismus

Die Waldspielgruppe und das Vater-Kind-Turnen werden aufgehoben. Der Schwimmunterricht wird ebenfalls eingestellt. Ich erhalte ein Berufsverbot. Wir dürfen unsere sterbende Mutter nicht mehr besuchen, geschweige denn sie im Rollstuhl aus dem Pflegeheim zum täglichen Spaziergang an die frische Luft holen. Anrufen können wir sie auch nicht, da sie nicht mehr sprechen kann. Ein junger Verwandter muss mit seiner RS-Kompanie die Kaserne räumen und wird in eine Turnhalle verlegt, wo er Corona-Opfer pflegen soll. Da von hundert Soldaten fast immer einer hustet, stehen innert kürzester Zeit alle vom Militär besetzten Turnhallen unter Quarantäne, ausser die Kompanie meines Verwandten, die aber ebenfalls keine Corona-Opfer pflegen kann, da sie benötigt wird, um die isolierten Kompanien mit Essen, Wäsche und Post zu versorgen. Meine Schwiegereltern, die vorher einmal wöchentlich kamen, um die Kinder zu hüten, kommen aus Angst nicht mehr. Meine Frau wird mit den Kindern aus dem Coop geworfen, weil man nicht mit den Kindern einkaufen gehen soll. Aber Babysitter sind auch keine zu finden, weil alle Angst vor dem Virus haben. Später wird meine Frau noch mit den Kindern aus der Bibliothek und aus der Ludothek geworfen, weil sie keine Maske trägt, und ich aus dem Bioladen und aus dem Zug.

Die Spielplätze sind mit Absperrband und Gittern verbarrikadiert.

Unser Nachbar hat einen Marschbefehl erhalten. Er wird vom Arbeitsplatz abberufen und in eine von Rekruten geräumte Kaserne beordert. Dort soll er Corona-Opfer pflegen. Er ist motiviert und will gerne helfen, regt sich aber darüber auf, dass er in voller Kampfmontur mit Sturmgewehr einrücken muss. Auch er sieht während der ganzen Mobilmachung kein einziges Corona-Opfer. Um die mobilisierten Soldaten in den Kasernen zu beschäftigen, lässt man sie Schiessübungen machen. Die Spielplätze sind mit Absperrband und Gittern verbarrikadiert. Unsere Kinder möchten wieder mal mit anderen Kindern spielen. Aber deren Eltern halten sich an die Regeln. Ihre Kinder haben die Plakate mit dem Regenbogen ausgemalt und in die Fenster gehängt, welche von den geschlossenen Schulen verschickt und auf welchen «WIR BLEIBEN ZUHAUSE» steht. Obwohl das Bräteln im Wald verboten ist, treffen wir dort ein paar andere Familien, die sich nicht an die Regeln halten und diskutieren darüber, ob es nicht klüger wäre, die Mobiltelefone zuhause zu lassen, damit man von den Behörden nicht überwacht werden kann.

Er muss einen Schutzanzug, Haube, Gesichtsmaske und Gummihandschuhe tragen und darf nicht näher als zwei Meter ans Bett herantreten.

Es erreichen uns immer mehr Hassmails. Selbst in der Presse werden wir bar jeder Grundlage, aber dafür umso giftiger, als Rechtsextreme, Corona-Leugner und Verschwörungstheoretiker beschimpft. Obwohl meine Mutter im Sterben liegt, wird sie bis Ende Jahr sechs Mal auf Corona getestet. Dies entnehmen wir den Krankenkassenabrechnungen. Der Grund dafür ist, dass sie immer wieder hustet, was für Schwerstdemente im Endstadium allerdings ganz normal ist, weil das Schlucken nicht mehr richtig funktioniert. Obwohl sie als palliativer Pflegefall in der Dementenabteilung liegt, ordnet der Arzt nach jedem Besuch einen Corona-Test an. Und obwohl bisher alle Tests negativ sind, wird sie weiterhin isoliert, weil das Husten auch bei negativem Testresultat als Corona-Symptom eingestuft wird. Vater hat nach Monaten zwar endlich durchgesetzt, dass wenigstens er die sterbende Mutter wieder besuchen darf, dabei muss er allerdings einen Schutzanzug, Haube, Gesichtsmaske und Gummihandschuhe tragen und darf nicht näher als zwei Meter ans Bett herantreten. Eine Kontaktaufnahme mit seiner sterbenden Frau ist in diesem Aufzug unmöglich. Sie reagiert nicht auf ihn, da sie nicht einmal sein Gesicht sehen kann. Obwohl sich meine Mutter als Hebamme bereits in den 1970er Jahren gegen Impfungen aussprach und weder wir noch unsere Kinder geimpft sind, lässt sich mein Vater als einer der Ersten impfen, weil er sonst die sterbende Mutter nicht einmal mehr mit Maske besuchen darf. Realsatire wäre lustig. Aber was wir hier erleben ist Realzynismus.

Andreas Thiel, Essayist und Autor. Er ist der Degenfechter unter den schweizer Intellektuellen. Bekannt wurde er mit seinen preisgekrönten Politsatiren, mit welchen er zwischen 1997 und 2017 auf Bühnen von Bern bis Shanghai gastierte. Seit 2019 hält er unter dem Titel «Gretchenantworten auf Faustfragen» Vorträge über Religionen, Philosophien und Ideologien und deren Einfluss auf Politik und Gesellschaft. *www.andreasthiel.ch*

Ursula Spring

Streikender Herdentrieb

Es war im März auf einem meiner wöchentlichen Morgenspaziergänge mit einer Freundin, als mir bewusst wurde, dass mein Herdentrieb den Dienst verweigerte. Die Luft war noch frisch, und es waren kaum Leute unterwegs. Meine Freundin fand, wir sollten uns nicht in der Öffentlichkeit umarmen, und sie schlug vor, den verordneten Abstand einzuhalten, falls wir anderen Passanten begegnen würden. Ihre Begründung, sie möchte dies tun, um die herrschende Angst nicht noch weiter anzuheizen, erschreckte mich zutiefst. Die pandemische Ausbreitung der neuen Verhaltenskodizes machte also vor niemandem Halt. Mein Herdentrieb aber streikte.

Drei Wochen, bevor die ausserordentliche Lage gemäss Epidemiegesetz ausgerufen wurde, befand ich mich bereits im Ausnahmezustand: Während einer Woche schlief ich kaum. Danach weinte ich eine Woche lang fast unaufhörlich ohne zu wissen, weshalb. Ich war ein Nervenwrack, als der erste Lockdown ausgerufen wurde. Der staatlich verordnete Dornröschenschlaf weckte mich paradoxerweise auf. Mein Verstand setzte wieder ein. Ich wollte besser verstehen, was da vor sich ging. Ich vernetzte mich mit Freundinnen und Freunden, die ebenfalls beobachteten, recherchierten, reflektierten. Ich blühte zusammen mit einem überirdisch schönen Frühling auf und hatte das Gefühl, dass mein Instinkt vielleicht doch nicht komplett daneben lag und einiges an der Geschichte zum Himmel stank.

In der polarisierten Gesellschaft, die wir geworden waren, kam mein moderater und sachlicher Ton gut an.

Im Leben vor C19 hatte ich viel und häufig gesungen. Dann wurde meine Singstimme depressiv. Dafür wurde der Drang zu schreiben umso stärker. Ich schrieb Zwiegespräche mit meiner Grossmutter selig.

Gedichte. Im April und Mai entstand der «Brief einer Normalsterblichen», der viel von der Recherche beinhaltete, die ich gemeinsam mit Regula, einer Freundin, unternommen hatte. Ich versandte ihn an Leute, die ebenfalls fragend unterwegs waren. In der polarisierten Gesellschaft, die wir geworden waren, kam der moderate und sachliche Ton gut an. Man ermunterte mich, etwas damit zu tun. Doch was? Ich kann nicht mehr sagen, wann die Idee auftauchte, dass die gegenwärtigen Ereignisse irgendeinmal nach einer Untersuchung verlangen würden. Ich rief einen Staatsrechtsprofessor an und schrieb weiteren Fachleuten. So entstand Schritt für Schritt die Plattform *Frühling2020*.

Edy, mein Partner, stammt aus dem Iran. Er hatte eine Weile lang Angst vor C19. Als dann die ersten Berichte von Getöteten, die als Corona-Tote verscharrt wurden, aus den Gefängnissen kamen, wusste er sogleich, dass das Regime die «Pandemie» als Vorwand nutzte, um unliebsame Personen loszuwerden. Die exorbitant hohen iranischen Covid-19-Todeszahlen waren dann sogar dem SRF eine Meldung wert – demselben Medium, das uns täglich mit absoluten und falschen Zahlen zu manipulieren versuchte.

Durch die Intensität und Heftigkeit der Ereignisse liess auch ich mein Herz manchmal zur Mördergrube werden. Die Wut auf die Herrschenden und auf diejenigen, die den Betrug und die Verbrechen mittels C19 nicht sehen wollen, brannte in mir. Sprüche von Kollegen, dass es ziemlich dumm sei, mit fünfzig noch Revolutionärin zu spielen, empfand ich als ungerecht.

In schlaflosen Nächten erfand ich Schlagzeilen, von imaginären Feinden verfasst: «Sensation: Eine Homöopathin gibt vor, denken zu können!»

Meine wohl grössten Ängste durchlebte ich zwei Wochen, bevor *Frühling2020* online ging. Auch Edy und mein Umfeld sorgten sich, dass mir berufliche Konsequenzen drohen würden, falls ich mich öffentlich engagierte. In schlaflosen Nächten erfand ich Schlagzeilen, von imaginären Feinden verfasst: «Sensation: Eine Homöopathin gibt vor, denken zu können!» «Hat die Welt etwas Dümmeres gesehen: Eine Homöopathin verlangt Evidenz und Transparenz!» «U. S.: Corona-Leugnerin: schlimmer als Holocaust-Leugnerin!»

Doch diese nächtlichen Schreckgespenster wichen tagsüber wie in einer magischen Welt Lösungen, die sich zum Guten fügten. Kurz vor Veröffentlichung fand ich «mein» Komitee: Andreas, Marion, Gerald! Ich war überglücklich.

Ich bin zutiefst dankbar für die Unterstützung und das Vertrauen, das ich geschenkt erhalte. Über alle beruflichen und politischen Grenzen hinweg durfte ich Menschen kennenlernen, denen ich ohne die Krise nie begegnet wäre.

Etwas in mir hat sich gesetzt. Etwas in mir ist aufgestanden.

Ursula Spring, geb. 1970, spielt seit der Kindheit gerne mit Worten. In Käserei aufgewachsen. Drogistin. Praxis für Homöopathie seit 2001 in Fribourg-Freiburg. Berufspolitisches Engagement. Dozentin, Prüfungsexpertin für Homöopathie. Kurse in Roy Hart Stimm- und Körperarbeit. Co-Leitung Stimmvolk FR. Singgruppen mit Rudolf Happle bis 2019. Mitglied Improésie (Improvisation mit der Stimme. Werden wir jemals wieder fliegen?). Bewegung für eine unabhängige Untersuchung der C19-Entscheide: *www.fruehling2020.com / www.printemps2020.com / www.primavera2020.com*

Iwan Iten

Wir suchten den Dialog

Als Mitte März der Lockdown ausgerufen wurde und unser Restaurant geschlossen werden musste, dachte ich mir noch nicht viel dabei. Wir nutzten die Zeit für Renovations- und Malerarbeiten. Alle Mitarbeiter waren in der Kurzarbeit. Am 11. Mai durften die Restaurants früher als erwartet wieder öffnen – ein Neustart mit angezogener Handbremse: Wir mussten das Schutzkonzept einhalten, also Tische entfernen, damit die vorgeschriebenen anderthalb Meter Abstand eingehalten werden konnten, Desinfektionsstationen aufbauen und die Gästedaten erfassen. Ausserdem wurde die Gruppenzahl auf fünfzig Gäste beschränkt.

Der Sommer lief dank schönem Wetter ziemlich gut, die Einzelgäste kamen – nur die Gruppengäste blieben gänzlich aus. Laufend trafen Absagen von Banketten ein. Es gab das ganze Jahr keine Hochzeit, keine Cargesellschaft liess sich bewirten, und nur vereinzelt fanden kleinere Familienfeste statt.

Dank der Kurzarbeitsentschädigung war der finanzielle Schaden noch erträglich. Alle Mitarbeiter trugen die Situation gut mit. Auch für meine Kollegen in der Gastro-Branche war die Situation noch auszuhalten. Zudem gingen wir ja alle noch davon aus, dass wir mit einem harten Lockdown Schlimmeres hatten verhindern können. Mein Umfeld war durchwegs gutgläubig, auch ich selbst war es: Wir vertrauten dem Bundesrat bei jedem Wort.

Ich wurde misstrauisch, als ich vernahm, dass die prognostizierten Horrorzahlen bei den Todes- und Krankheitsfällen nicht zutrafen. Und in den Spitäler blieb der Ansturm aus – im Gegenteil, sie wirtschafteten defizitär und beklagten sich sogar beim Bund.

Als dann im Herbst der Regierungsrat des Kantons Zug als erster Kanton mit verschärften Massnahmen, insbesondere der Maskenpflicht auch in Restaurants, vorpreschte, wurde es mir zu bunt. Denn die Bestimmung löste eine unglaubliche Stornierungswelle aus, innerhalb von drei Tagen widerriefen über 600 Gäste ihre Reservationen.

Ich fragte bei meinen Berufskollegen und dem Kantonalen Gastro-Verband an, ob sie mit dem Regierungsrat gesprochen hätten. Alle meine Kollegen hatten mir nämlich im Vorfeld versichert, dass für sie eine Maskenpflicht tabu sei. Ich machte mich auf und weibelte bei ihnen für eine gemeinsame Verweigerung des Maskentragens. Leider stieg niemand auf den Zug auf, und am Schluss stand ich alleine da. Immerhin waren fast alle meine Mitarbeiter mit dabei, und so kam es, dass wir zwei Wochen lang im Betrieb keine oder nur vereinzelt Masken trugen. Die Polizei kam fünfmal vorbei, und am 27. Oktober schlossen sie uns den Betrieb für 36 Stunden. In einer Mitarbeitersitzung entschieden wir demokratisch, dass wir uns von nun an an die Maskenpflicht halten würden; schliesslich sind wir keine Rebellen.

Wenn es nicht mehr möglich ist, Fragen zu stellen und mit den Behörden ins Gespräch zu kommen, dann nimmt das für mich diktatorische Züge an.

Unser Einlenken knüpften wir allerdings an die Bedingung, mit der Regierung in Dialog treten zu können. Wir hörten nichts. Nach zwei Wochen meldete ich mich auf dem Polizeiposten, um nachzufragen. Aber es kam nie zum Dialog. Und diese Verweigerung seitens des Staates weckte mich endgültig auf. Wenn es nicht mehr möglich ist, Fragen zu stellen und mit den Behörden ins Gespräch zu kommen, dann nimmt das für mich diktatorische Züge an. Von da an ging ich in den Widerstand. Ich recherchierte, las viel, schloss mich Bürgerorganisationen an, traf mich mit Rechtsanwälten, Ärzten, Politikern und aufgeweckten, besorgten Bürgern.

Dass sich unsere Gesellschaft mit ihrem Föderalismus und dem hohem Demokratieverständnis so leicht gleichschalten liess, ist immer noch unfassbar.

In meinem Restaurant organisierte ich zwei Vorträge mit einem Arzt zum Thema Gesundheit. Ende November nahm ich in Lachen zum ersten Mal in meinem Leben als Redner an einer Kundgebung teil. Voller Überzeugung sprach ich zu den Anwesenden, fragte sie, wie lange sie das alles noch mitmachen wollten, und zitierte Immanuel Kant: «Habe Mut dich deines eigenen Verstandes zu bedienen.» Noch nie in meinem Leben habe ich in so kurzer Zeit so viele interessante Menschen kennengelernt, so viel Zuspruch erhalten, so viel Anerkennung für meinen Mut. Aber ich erhielt auch unschöne anonyme Post und sah, wie das Thema die Bevölkerung spaltete. Gute Freunde wurden über Nacht zu Feinden.

Als wir Ende November öffentlich den Film «Unerhört» zeigten und fünfzig Leute ohne Maske im Saal sassen, wurden wir zum zweiten Mal mit einer Betriebsschliessung gebüsst, diesmal von einer Woche. Und ab dem 22. Dezember waren wir wieder im Lockdown...

Ich kann sagen: Ich bin mit fünfzig zum zweiten Mal auf die Welt gekommen. Dass sich unsere Gesellschaft mit ihrem etablierten Föderalismus und dem hohem Demokratieverständnis so leicht gleichschalten liess, ist für mich immer noch unfassbar. Offenbar muss die Lüge nur genug gross sein, und sie muss regelmässig wiederholt werden. Das sollte uns für die Zukunft zu denken geben.

Iwan Iten, Aufgewachsen in Oberägeri im elterlichen Gastronomiebetrieb. Handelsschule und Matura. Ausbildung zum Koch und Diplom Hotelier/Restaurateur HF in Zürich. Er führt seit 2006 den elterlichen Gastronomiebetrieb in der zweiten Generation.

Florian Mächler

Schönwetterfreunde ade!

Wäre mir an meinem Silvesterkonzert – einem durchaus gelungenen Konzert! – bereits klar gewesen, dass die kommenden Monate die Enttäuschung meines Lebens bereithalten würden, ich hätte wohl schnellstens mein Bündel geschnürt und wäre auf eine verlassene Insel im Südatlantik geflüchtet, um die Parade des Wahnsinns an mir vorbeiziehen zu lassen. Bereits im Frühling befürchtete ich, Parallelen zu Hexenverfolgung, Nazi-Zeit und Schweinegrippe-Skandal erkennen zu können. Dies veranlasste mich, per Mail den gesamten Bekanntenkreis mit meiner dystopischen (und frei erfundenen) Kurzgeschichte «Die Seuche, die niemand sah und die niemanden befiel» zu beglücken. Die unfreundlichen Reaktionen liessen meine Mailbox bereits am Folgetag überquellen – das literarische Kurzwerk erlangte bei weitem mehr Aufmerksamkeit als mein neustes Album, welches ich kurz zuvor auch auf diesem Weg angepriesen hatte.

«Die Seuche, die niemand sah und die niemanden befiel».

Der Verlust von Schönwetterfreunden sollte in diesem Jahr dann auch ein ständiges Motiv werden, was allerdings durch viele neue und spannende Bekanntschaften mehr als ausgeglichen wurde. Die neue Zeitqualität mit ihren schnell aufeinanderfolgenden unerwarteten Ereignissen mündete dann an Kundgebungen in St. Gallen im Mai in meiner schmerzlichen Erkenntnis, dass es sich bei unserer Staatsform wohl um eine Scheindemokratie handle. Noch mehr als unsere demokratiefeindlichen «Freunde und Helfer» jedoch, die uns unter Androhung von Bussen vom Platz verwiesen, enttäuschte mich dabei die kleine Zahl besorgter Bürger bei den Versammlungen.

Als ich im Herbst davon ausging, dass die Absurdität der Erlebnisse nun wohl ihren Höhepunkt erreicht hatte, kündigte die Musikschule meine Anstellung als Gitarrenlehrer fristlos und missbräuchlich, weil ich meinen Gitarrenschülern – und zwar mit schriftlichem Einverständnis der Eltern – die Hand schütteln wollte.

Allmorgendlich machte sich das Gefühl breit, auf einem lebensfeindlichen Affenplaneten gelandet zu sein.

Zu meiner Erleichterung hatte sich aber bereits zu Beginn der «Pandemie» abgezeichnet, dass meine gesamte Familie gleich tickte wie ich. Und obwohl sich in mir allmorgendlich erneut das Gefühl breitmachte, auf einem lebensfeindlichen Affenplaneten gelandet zu sein, stiess ich dann im Laufe des Sommers doch noch auf Gleichgesinnte. Ohne den Rückhalt all dieser Menschen, insbesondere aber meiner Freundin und meiner Verwandten, würde ich diese Zeilen nun wohl unter Einfluss eines beruhigenden Pharmazeutikums in einem kleinen quadratischen Raum mit nicht allzu harten Wänden verfassen.

Einen persönlichen Lichtblick möchte ich hier gegen Ende dieses Textes ebenfalls erwähnen: Mein Lied «Dä Fläschägeischt», welches ich im August spontan auf Youtube gestellt hatte, erfreute doch zahlreiche Hörer, was ich angesichts der Reaktionen auf meine Kurzgeschichte vom Frühjahr nicht erwartet hätte!

Was ziehe ich nun als ganz persönliches Fazit aus dem Jahr 2020? Da mir der Bundesrat seit März als Musiker ein Berufsverbot erteilt hat und aufgrund meiner Maskenverweigerung keine Aussicht mehr auf eine Stelle an einer Musikschule besteht, werde ich nun nach einem neuen Geschäftszweig Ausschau halten müssen. Vielleicht werde ich mich dem Bierbrauen widmen – denn voraussichtlich wird nicht nur die Suizidrate, sondern auch die Nachfrage nach Alkohol exponentiell ansteigen. Die niederschmetternde Enttäuschung über einen grossen Teil meiner Mitmenschen geht aber glücklicherweise einher mit der Erkenntnis, dass sich für mich die Spreu nun vom Weizen getrennt hat. Das wahre Gesicht vieler Zeitgenossen und der Medien sowie zuvor unbeleuchtete politische Hintergründe sind nun überdeutlich ans Licht getreten.

Mein Fazit: Ich warte weder auf Bundesrat, Ausserirdische, Jesus, Q oder Trump, noch auf einen Berufsverband, der mir sagt, was zu tun ist – es könnte nämlich sein, habe ich den leisen Verdacht, dass die sich gar nicht für mich interessieren. Deshalb handle ich eigenverantwortlich und mache auch weiterhin nicht mit.

Florian Mächler ist freischaffender Gitarrist, Komponist und Gitarrenlehrer, betreibt in Lachen SZ seine eigene Gitarrenschule und war vor der Corona-Krise mit diversen Live-Bands unterwegs. Er hat drei Soloalben eingespielt, zudem ist er auf dutzenden weiteren Tonträgern zu hören (u.a. Dani Häusler Komplott, SRF-Husmusig, Mc Lears, FLOMA forte, Trio Robin Mark). Infos unter: *www.florianmaechler.com*

Philipp Kruse

An der Schmerzgrenze

Am Anfang dachte ich: «Wow, welch grosses Spektakel sich vor unseren Augen abspielt!», und als Beobachter eines monumentalen Vorgangs knipste ich Bilder von den leergefegten Strassen. Ich staunte, wie schnell sich die Panik im Volk verbreitete und begann Fragen zu stellen: «Wo sind die Toten? Die überfüllten Spitäler? Die schwerkranken Menschen?» Dabei erwartete ich Aufklärung und die Auflösung des ganzen Irrtums.

Als mir klar wurde, dass die harten, einschneidenden Massnahmen weit mehr Schaden anrichten, als es die Krankheit hätte tun können, sagte ich zu meinen Anwaltskollegen: «Hey, die Eliten führen das Volk hinters Licht: Wir müssen den Mund aufmachen, schaut mal raus!» Erste Briefe verschickte ich an die Kollegen. Darin stellte ich Fragen, versuchte, auf die Missstände aufmerksam zu machen und die Leute zu mobilisieren. Doch zu meinem Erstaunen herrschte gespenstische Ruhe: Niemand bewegte sich, niemand stieg auf die Barrikaden.

Ich begann selber, Daten und Argumente zu sammeln, die ich in Aarau an einem Podium mit Politikern vorbringen wollte, um die Massnahmenpolitik infrage zu stellen. Doch die Politik hatte kein Gehör für die Faktenlage. Aus meiner Enttäuschung wurde Entrüstung. Mir dämmerte, dass die Menschen in unterschiedlichen Realitäten lebten.

Das fortschreitende Massnahmenregime brachte mich täglich mit Fällen von Rechtsmissbrauch und staatlicher Willkür in Berührung. Ich opferte viele Nächte und die gesamte Freizeit, die mir neben der Arbeit auf der Steuerbehörde blieb, um Briefe an behördliche Stellen, Beschwerden und Klagen zu schreiben. In stundenlangen Gesprächen hörte ich mir viele Berichte von Schicksalen an, die durch die Massnahmen bestimmt waren.

Die Angst treibt uns vor sich her und spaltet uns. Ein machtvoller, irrationaler Urinstinkt steuert die Geschicke unseres Landes.

Rechtssicherheit und Sozialfrieden, demokratische Mitwirkung, parlamentarische und richterliche Kontrolle: Dies alles haben wir de facto bereits verloren. Wie können sich wesentliche Selbstverständlichkeiten unseres demokratisch-freiheitlichen Rechtsstaates so rasant in Luft auflösen?

So verbringen wir mit Maske unseren Alltag, und seit Wochen nun auch unsere gesunden Kinder. Sie leiden unter Sauerstoff-Mangel besonders, unter CO2-Belastung und Kommunikationsbehinderung. Dies, obwohl sie selber weder Opfer noch Treiber einer gefährlichen Krankheit sind. Flächendeckende Massentests sind angelaufen, bald folgen flächendeckende Impfungen mit Stoffen, deren Nebenwirkungen unerforscht sind. Dies alles, obwohl über 99 Prozent aller Menschen mit dem Erreger problemlos leben können. Hunderttausende haben sich bereits symptomlos in Quarantäne einsperren lassen. Ganze Branchen sind über Monate stillgelegt. Warum akzeptieren wir das alles?

Die Angst, ein machtvoller, irrationaler Urinstinkt steuert die Geschicke unseres Landes.

Wer öffentlich Antworten auf solche Fragen einfordert, gilt als gefährlich, wird verleumdet oder einfach als Verschwörungstheoretiker abgetan. Wer nicht spurt, wird entlassen, allenfalls fristlos, oder verliert als Arzt seine Zulassung. Dies ist nicht nur das Diktat der Angst, es ist das Diktat unserer Regierung, welche jeden Widerspruch im Keim erstickt.

Die Zukunft unserer Kinder wird zerstört. Ihre Chancen auf ein friedliches und gesundes Leben schwinden dahin. Ihre Lebenserwartung wird verkürzt. Das ist das Werk der schweigenden Mehrheit.

Die Zukunft unserer Kinder wird zerstört. Das ist das Werk der schweigenden Mehrheit.

Wie lange noch befolgen wir alle Anordnungen, egal wie unsinnig und schädlich sie auch sein mögen? Kann ein freier Mensch seine Möglichkeiten, seinen freien Willen auf Dauer wirklich aufgeben? Kann er Repression, Denunziation und Intoleranz auf die Dauer wirklich ertragen? Wo ist die Schmerzgrenze erreicht? Wie viele Menschen müssen den Verlust ihrer wirtschaftlichen Basis, ihrer eigenen Zukunft noch erleben? Wann rufen wir endlich alle gemeinsam laut: «Stopp! Wir machen diesen Irrsinn nicht länger mit!»

Mit einer zunehmenden Zahl von Mitstreitern versuche ich diesen Forderungen seit Mai 2020 Gehör zu verschaffen. Warten wir nicht bis zum schlimmsten möglichen Szenario!

Die grosse Verantwortung als Rechtsvertreter lastet als grosser Druck auf meinen Schultern. Auch wenn ich manchmal zweifle, ob ich Schaden abwenden kann, ist mir meine Arbeit eine Quelle des Trostes. Begegnungen mit Menschen, zu denen ich eine tiefe Freundschaft und Verbundenheit aufgebaut habe, bilden die zweite Quelle. Auch wenn wir viel von unserem Wohlstand verlieren werden – diese wertvollen Beziehungen werden die Krise überdauern!

Philipp Kruse, geboren 1965, ist Rechtsanwalt LL.M. und Vater von zwei Kindern (15 und 10). Von 2012 bis 2018 führte er eine eigene Praxis mit Schwerpunkt Steuerrecht. Seit 2021 ist er selbständiger Rechtsanwalt mit eigener Praxis: *www.kruse-law.ch*

Rahel Fabris

Wenn du denkst, es könne eigentlich nur besser werden…

Es war tatsächlich ein Freitag der 13., wer hätte das gedacht, als die Verordnung kam, die Schulen würden ab dem kommenden Montag geschlossen.

Der Fernunterricht war Neuland für alle und stellte eine grosse Herausforderung dar. Aber ich liebe ja Herausforderungen! Die Zeit verstrich, und ich arrangierte mich mit dieser neuen Situation. Doch wirklich real erschien mir dieses Virus nicht, denn ich kannte niemanden, der davon betroffen war.

Bis zu den Sommerferien beschäftigte uns dieses Thema in der Schule: Hände waschen, Schulzimmer desinfizieren, keine Schulreise und Ausflüge. Ich sehnte mich nach der Zeit vor dem Corona-Virus, vor allem auch für die Kinder; sie sollten am wenigsten darunter leiden müssen.

In meinem Team war ich die Einzige mit dieser entschiedenen Ablehnung der Gesichtsmaske.

Die Maskenpflicht in den ÖV konnte ich noch einigermassen nachvollziehen, ich kenne die Verhältnisse in Bus und Tram während den Hauptverkehrszeiten. Die Tatsache, dass auf der Verpackung von Hygienemasken stand, diese würden nicht gegen Viren schützen, machte mich jedoch bereits da stutzig – zumal die Regierung noch im Frühling gesagt hatte, dass Alltagsmasken gegen den Virus nichts nützen. Wenn ich sah, wie diese von vielen Menschen verwendet werden, konnte ich dem immerhin zustimmen! Jedenfalls stieg ich aufs Fahrrad um und benutzte dieses ohne Ausnahme auch bei Wind und Wetter. Mein ZVV-Abo verlängerte ich nicht.

Ende August wurde im Kanton Zürich die Maskenpflicht auch in Einkaufsläden eingeführt, spätestens da verstand ich die Welt nicht mehr. Massnahmen zur Eindämmung eines Virus in allen Ehren – aber bitte mit einer fundierten und verständlichen Begründung!

Meine grösste Hoffnung, die Schule bleibe von der Maskenpflicht unberührt, starb Anfang September. Ich befolgte die Regeln des BAG, hielt den Mindestabstand und die Hygieneregeln ein. Bis jetzt hatte ich die Maske vermeiden können, aber nach der Einführung der Maskenpflicht im Schulgebäude wurde das schwierig. Ich fragte mich: Was kommt wohl als Nächstes? Irgendwann war es offensichtlich: Es will nicht aufhören. Komischerweise war das Virus bis zu diesem Zeitpunkt für mich immer noch nicht fassbar.

Mein Gefühl sagte mir, dass diese Krise an vielen Kinderseelen nicht spurlos vorbeigehen würde.

Es kam das Unvermeidliche, die Maskenpflicht für Lehrpersonen im Unterricht. Der Druck seitens Schulleitung wurde grösser. In meinem Team war ich die Einzige mit dieser entschiedenen Ablehnung der Gesichtsmaske. Ich fühlte mich allein und in die Ecke gedrängt.

Schliesslich versuchte ich einen Ausweg zu finden, indem ich einen ehrlichen Brief an die Eltern meiner Schülerinnen und Schüler schrieb, ausserdem gab ich ein Interview bei Bittel TV. Ich setzte mich dafür ein, dass die Kinder eine unbeschwerte Kindheit erleben können, denn mein Gefühl sagte mir, dass diese Krise an vielen Kinderseelen nicht spurlos vorbeigehen würde.

Es folgte, was ich tief in mir bereits ahnte: die Kündigung. Einer Lehrerin, die mit Herzblut und grossem Engagement ihren Beruf ausübte, wird per sofort fristlos gekündigt! Man versuchte nicht einmal, eine gemeinsame Lösung zu finden, das war bittere *Post* und zog mich in ein tiefes Loch!

Von einem Tag auf den andern wurde mir meine Existenzgrundlage entzogen, das musste ich erst einmal verdauen. Da mein Gerechtigkeitssinn seit jeher sehr ausgeprägt ist, liess ich das nicht auf mir sitzen, reichte mit Hilfe von Anwälten einen Rekurs gegen die fristlose Kündigung ein und ersuchte meine Hausärztin aufgrund der Masken-Unverträglichkeit um einen Maskendispens, den ich auch bekam.

Die zahlreichen positiven Rückmeldungen auf mein Interview bei Bittel TV heiterten mich vorübergehend auf, jedoch verblasste diese positive Empfindung mit der Zeit und das Loch wurde wieder tiefer. Lichtblicke in dieser Zeit: mein Partner und meine Familie, die mich unterstützen, eine Gruppe auf Telegram mit Lehrpersonen im Widerstand und eine Rede, die ich an der Kundgebung in Lachen zum Thema «Solidarität» halten durfte.

Wie geht es nun weiter? Nach der Medienkonferenz des Bundesrates am 18. Dezember 2020 sagte ich zu mir: Es kann nur noch schlimmer werden!

Rahel Fabris begann ihren beruflichen Werdegang in der Immobilienbranche. Nach einigen Jahren Berufserfahrung hatte sie Lust auf etwas Neues und entschied sich für das Studium zur Primarlehrerin. Im Frühling 2019 machte sie ihren Abschluss und arbeitete anschliessend als Primarlehrerin in Zürich. Die Corona-Massnahmen in der Schule endeten in einem Konflikt, was sie veranlasste, neue Wege zu gehen. Sie bietet neu Privatunterricht, auch bekannt als Homeschooling, an: *www.homeschooling-by-rahel.ch*

Alex Baur

Die Sensoren offen halten

Am 15. März, als die Regierungen weltweit kippten wie Dominosteine und ihre Lockdowns verkündeten, sass ich in Lima vor meinem Schreibtisch und schaute auf den Pazifik hinaus. Ich hatte gerade mein neustes Buch fertig geschrieben. Es dreht sich um die Freiheit – die Freiheit, die alle besingen, in Wahrheit aber fürchten, wie der Teufel das Weihwasser. Denn Freiheit bedeutet, Verantwortung zu übernehmen und damit auch das Risiko des Irrtums. Was sich da draussen in der Welt abspielte, war genau das, worüber ich geschrieben hatte.

Ich bin kein Mediziner, auch für mich ist es schwierig zu beurteilen, wie gefährlich das angeblich völlig neuartige Coronavirus ist. Es gab zwei Faktoren, die mich schnell zur Überzeugung brachten, dass die Massnahmen gegen Covid-19 viel mehr Leid anrichteten als das Virus an sich. Zum einen kenne ich die Realität in Entwicklungsländern aus erster Hand. Und hier ist die Sache völlig klar. Für diese Länder, in denen nach wie vor die grosse Mehrheit der Menschheit lebt, bedeutet Lockdown-Politik mehr Armut, mehr Hunger, weniger Medizin, weniger Bildung. Eine humanitäre Katastrophe. Corona ist ein Luxusleiden der Reichen auf Kosten der Armen.

Zum andern habe ich mich als Reporter seit Jahrzehnten mit dem Phänomen des «Hoax» befasst: eine medial geschürten Massenpanik also, die zu irren, apokalyptischen Mythen führt. Das war das Thema meines vorherigen Buchs («Der Fluch des Guten»). Gerade weil ich mir so sicher war, habe ich meine eigenen Ansichten allerdings auch immer wieder fundamental hinterfragt und angezweifelt. Wer ständig auf Geisterfahrer stösst, ist vielleicht selber der Geisterfahrer.

Ich habe in diesem Jahr das getan, was ich als Journalist immer getan habe, nur viel intensiver: Informationen aus erster Hand suchen, möglichst nahe an die Quelle herangehen. Ich verbrachte mehrere Tage beim erfahrenen Epidemiologen Professor Beda Stadler in seiner Walliser Berghütte; ich besuchte die Professoren Sucharit Bhakdi und Karina Reiss in Schleswig-Holstein; ich redete stundenlang mit Hausärzten, Krankenschwestern, Pflegern, Lehrkräften, die mir von ihren persönlichen Erfahrungen erzählten. Das waren Nothabende, nicht nur Corona-Skeptiker. Ich gab mir alle erdenkliche Mühe, meine Sensoren gegen alle Seiten offen zu halten.

So gesehen hat mir das Jahr des «Social Distancing» paradoxerweise viel Nähe zu Menschen gebracht, und das in einer Intensität und Intimität, wie ich sie kaum je zuvor erlebt hatte. Eine wirklich schöne und unbezahlbare Erfahrung war sodann die Freiheit, die mir die Weltwoche gewährt hat. Niemand machte mir irgendwelche Vorgaben, und wenn ich zum Schluss gekommen wäre, dass das Gegenteil von dem richtig war, was ich postuliert habe, ich hätte es genauso radikal schreiben können. Dieses Privileg ist schon ziemlich einzigartig in unserer Medienwelt.

Das Jahr des Social Distancing brachte mir paradoxerweise viel Nähe zu Menschen.

Und schliesslich brachte mich das Corona-Jahr auch meiner mittlerweile 88-jährigen Mutter näher. Wenn ich in Zürich war, habe ich sie praktisch jeden Tag gesehen. Sie lebt seit zwanzig Jahren in unserem Haus, seit sie Witwe wurde, in einer eigenen Wohnung, aber bei uns. Es war ein bewusster Entscheid. Die Vorstellung, sie irgendwo in einem Altersheim zu versorgen, bis sie irgend eines Tages einsam stirbt, war für mich schlicht unerträglich.

Ich mache niemandem einen Vorwurf, der sich diesen Luxus nicht leisten kann. Aber ich habe den Eindruck, die masslose Hysterie um das Coronavirus hat viel mit schlechtem Gewissen gegenüber den vernachlässigten Alten zu tun. An Covid-19, das ist mittlerweile völlig klar, sterben praktisch nur über 65-jährige, mehr als die Hälfte lebten zuvor in Alters- und Pflegeheimen. Das Virus hat uns die Vergessenen und damit den unausweichlichen Tod wieder in Erinnerung gerufen. Und nun soll der Staat gefälligst für Abhilfe sorgen und das Problem wieder aus der Welt räumen.

Als so genannter Covidiot musste ich mir dieses Jahr einige Anfeindungen gefallen lassen. Ich beklage mich nicht, ein Journalist muss das ertragen können, sonst ist er im falschen Beruf. Und selbst die perfide Unterstellung, ich sei ein rücksichtsloser, ja asozialer und empathieloser Egoist, der den Mammon über Menschenleben stellt, ringt mir bestenfalls noch ein mitleidiges Schulterzucken ab. Niemand kann ausschliessen, dass er sich irrt, auch ich nicht. Doch selten war ich so sehr im Reinen mit mir wie in diesem Jahr. Und selten habe ich so viel über die Menschen dazugelernt.

Alex Baur arbeitet seit fünfzehn Jahren als Redaktor und Reporter für das Wochenmagazin «die Weltwoche». Zuvor schrieb er für NZZ, SonntagsZeitung, Das Magazin, STERN und GEO. Baur verfasste mehrere Bücher, sein neuste Werk «Esther Vilar und der dressierte Mann» ist im März 2021 im Salis-Elster-Verlag erschienen. Er lebt in Zürich und in Lima.

Santemi Schamberger

Druck im Raum

Ich kann mich schon nicht mehr erinnern, wie dieser Massnahmen-Regen gestartet hat. Ich weiss nur, dass er plötzlich einfach da war und nicht mehr aufhören wollte.

In meiner Arbeit als Kulturmanagerin in der Konservi, einem Konzertlokal im Aargau, fühlte ich mich bald massgeblich eingeschränkt. Die Veranstaltungs- und Kulturbranche war einer der ersten Wirtschaftszweige, die den Kopf hinhalten mussten. Das ewige Hin und Her «du darfst» und «nun darfst du aber doch nicht mehr» nagte an meinen Nerven und kostete mich viel Kraft. Doch das Wertvollste, was es mir nahm, ist die Freude an meiner Arbeit, in die ich immer so viel Leidenschaft hineinsteckte. Deswegen verspüre ich heute immer noch Wut.

Das Kulturleben war schon immer ein Gegenpol zu unserer sonst oft so starren Welt. Es bildet eine Umgebung, in der man sich entspannen und auftanken kann und wo ausreichend Freiheit herrscht, damit die Menschen in all ihrer Verschiedenheit zusammenfinden können. Für das Arbeitsklima macht es viel aus, wenn man an einem Ort arbeitet, den Menschen zum Vergnügen und zur Unterhaltung besuchen.

«Also darf ich meine Maske abnehmen, um einen Schluck zu versuchen?»

Wenn ein Besucher unser Konzertlokal betritt, ist das Erste, was mir auffällt, meist ein sanftes Lächeln auf seinen Lippen. Der Raum scheint wie ein Ventil zu funktionieren: Der zuvor aufgeladene Druck löst sich im Moment des Eintretens.

In den vergangenen Monaten musste ich aber beobachten, dass dieses Ventil nicht mehr funktionierte. Das Klima veränderte sich. Ich nahm Unsicherheit in den Blicken der Eintretenden wahr. Sie fingen offenkundig an, jede Handlung und jeden Schritt zu durchdenken, bevor sie sie ausführten – es wurde Befangenheit spürbar und Angst vor Verurteilung und die Sorge, man könnte sich falsch verhalten und anderen auf die Füsse treten. Auf den Gesichtern sah ich viele Fragen: Darf ich das hier anfassen, darf ich mich hier setzten, darf ich mich hier hinstellen? Darf ich überhaupt etwas trinken? Und wie sieht's mit Essen aus? Darf ich mich an einen Tisch dazusetzten? Darf ich ein Gespräch anfangen?

Was man immer ganz selbstverständlich tat, hat nun eine absurde Bedeutung erhalten.

An unserer Bar ist es üblich, den Wein zu probieren, bevor man bestellt und ihn an den Platz mitnimmt. Ich schenke einem Gast ein Glas zur Degustation ein. Er fragt mich verunsichert: «Also darf ich meine Maske abnehmen, um einen Schluck zu versuchen?» Ich lache spontan, merke dann aber, dass es eine ernst gemeinte Frage war. Ein wenig perplex antworte ich ihm: «Aber natürlich kannst du die Maske dafür abnehmen.»

Was man immer ganz selbstverständlich tat, hat nun eine absurde Bedeutung erhalten. Die neuen, vormals unausdenkbaren Verhaltensregeln verändern die Menschen und die Orte, an denen sie zusammenkommen. Was passiert mit einer Seele, die nirgends mehr Geborgenheit findet und überall achtgeben muss, ob ihre Impulse den gesellschaftlichen Regeln entsprechen? Wir werden es wohl erst in einigen Jahren erfahren.

Vielleicht ist es die Energie, die der Raum in sich trägt, vielleicht das Engagement der Mitarbeiter, vor allem aber sind es bestimmt die Künstler mit ihrer Performance – irgendwie gelingt es jedenfalls oft doch noch, das verklemmte Ventil bei den Besuchern etwas zu lösen.

Wenn sich sogar mehrere seelische Ventile miteinander allmählich öffnen und Druck entweicht, entsteht eine unbeschreibliche und beruhigende Atmosphäre im Raum. Ich bin überzeugt, dass ich nicht die Einzige bin, die das bewusst wahrnimmt. In einem solchen Moment kehrt auch die Freude an meiner Arbeit Stückchen um Stückchen zu mir zurück. Ich nehme sie dankend an und versuche sie, so gut es geht, bei mir zu bewahren.

«Was für ein schreckliches und anstrengendes Jahr», urteilt mein Verstand. Wenn ich aber mein Herz frage, erhalte ich eine andere Antwort: «Es war sehr fordernd und voller Ups and Downs, doch ich durfte es glücklich erleben und war von sehr viel Liebe umgeben.»

Santemi Schamberger ist Kultur-/Eventorganisatorin, Tänzerin und freischaffende Künstlerin. 2019 gründete sie das Label «Raise The Art» *(www.raisetheart.com)*, um eigene Events und Projekte im tänzerischen Bereich zu organisieren. Um dem Namen es Labels gerecht zu werden und die Kunst zu fördern, sucht sie stetig nach neuen Wegen. Derzeit widmet sie sich ihrer eigenen fairen Bio-Modelinie, die bald lanciert werden wird: *www.demi-shop.ch*

Andreas Heisler

Licht in der Welt

Was ist der Preis für unsere Freiheit? Sie ist gottgegeben – was nicht bedeutet, dass man sie als selbstverständlich nehmen kann. Für mich ist sie so wichtig wie das Atmen: Ohne Sauerstoff kann ich genauso wenig leben wie ohne Freiheit. Die Atemschutzmaske beschneidet Atem und Freiheit zugleich; eine tragen zu müssen ohne wissenschaftlichen Nachweis eines positiven Nutzens, ist für mich eine doppelte Zumutung – wie für viele andere auch. Dies höre ich von zahlreichen Menschen aus der ganzen Schweiz, die nach einem Maskenattest fragen und es von ihrem Haus- oder Kinderarzt nicht ausgestellt bekommen. Nach meinem Dafürhalten erfüllt das den Tatbestand der unterlassenen Hilfeleistung.

Dem politischen Grossunternehmen geht es um nichts weniger als um einen Angriff auf die Freiheit.

Im April letzten Jahres, als die angekündigte (geplante?) Pandemie uns mit voller Wucht hätte treffen sollen, überkam mich eine Unruhe, ja sogar ein Zorn. Ich hatte früh gemerkt, dass es dem politischen Grossunternehmen nicht um einen Virus oder um unsere Gesundheit ging, sondern um nichts weniger als um einen Angriff auf die Freiheit. So fing ich an, Briefe an offizielle Stellen zu schreiben, um meine Wahrnehmung als Arzt und meine Sorgen als Staatsbürger zu artikulieren. Diese Briefe, die ich mit klopfendem Herz und zitternden Fingern abschickte, brachten mich mit immer mehr Gleichgesinnten zusammen. Ich durfte Menschen kennenlernen, denen ich ohne diese Verwerfungen nie begegnet wäre.

Ein Schlüsselerlebnis war ein Treffen anfang Juni an historischer Stätte auf der Rütliwiese. Hier erneuerten engagierte, aufgewachte Vertreter aus allen Kantonen den Schwur auf die Schweizer Verfassung – das war für mich ergreifend. Ich lernte viele Menschen kennen, zu denen ich eine tiefe freundschaftliche Beziehung voller Vertrauen und Dankbarkeit aufbauen konnte. Immer noch schöpfe ich Kraft aus der Erinnerung an diesen sonnigen Sommertag in der Urschweiz, der geprägt war von grosser Erhabenheit und der unzerstörbaren Hoffnung auf bessere Tage in einer sich verändernden Gesellschaft.

Aufgrund meiner zunehmenden Exponiertheit werde ich auch mit unsäglich viel Leid konfrontiert, das durch die freiheitsentziehenden und unverhältnismässigen Verordnungen zur Eindämmung der angeblichen Pandemie verursacht worden ist. So hörte ich von einer Mutter, dass ihr Sohn, der in der Schule aus gesundheitlichen Gründen keine Maske tragen kann, dazu verdammt wurde, ständig mindestens eineinhalb Meter Abstand zu seinen Mitschülern zu halten. Aufgrund einer Entwicklungsstörung

Ich befürchte, dass in dieser Zeit der Diffamierung und der medialen Hysterie vielen der Mut fehlt, sich in die Öffentlichkeit zu begeben.

fällt ihm das aber sehr schwer. Er hat den Wunsch geäussert, von einer Brücke zu springen... Wieviel Unmenschlichkeit ist nur in unsere Welt, in unseren Alltag gekommen!

Ich versuche, diesem Elend durch meine Verpflichtung als Arzt entgegenzuwirken, so gut ich kann. Dazu gehört eben auch das Ausstellen von Maskenzeugnissen. Dass man damit schweizweit bekannt werden kann, hätte ich nie gedacht. Besonders unangenehm wird mir ein Interview mit einem Blick-Journalisten in Erinnerung bleiben, der mir jedes Wort im Mund umdrehte und alles, was ich sagte, aus dem Zusammenhang riss, um es ganz zu meinen Ungunsten auslegen zu können – und das nur, um die Behörden auf mich aufmerksam zu machen. Ausser einer polizeilichen Einvernahme geschah glücklicherweise nichts – dafür machte mich der Artikel in der ganzen Deutschschweiz bekannt, und die Anfragen nach Maskenattesten stiegen inflationär an.

Ich frage mich, wo die Ärzte, Juristen und Journalisten mit ethischer Gesinnung und Rückgrat sind. Bestimmt gibt es mehr von ihnen, als man weiss; aber ich befürchte, dass in dieser Zeit der Diffamierung und der medialen Hysterie vielen der Mut fehlt, sich in die Öffentlichkeit zu begeben.

In diesem Gedanken haben sechs Kollegen und ich gemeinsam das Ärztenetzwerk «Aletheia – Medizin und Wissenschaft für Verhältnismässigkeit» gegründet. Unsere Verbindung untereinander ist mittlerweile stark gewachsen und mir zu einer zweiten Familie geworden, aus der ich immer wieder viel positive Kraft für den weiteren Weg in die Freiheit ziehen kann – den Weg, den ich mit all den anderen unglaublich grossartigen Menschen gehe, die sich zusammengefunden haben, um für eine bessere Welt einzustehen. Miteinander werden wir das Licht dieser Welt finden und schüren!

Nachtrag: Ende Februar erfuhr ich, dass der Kantonsarzt von Luzern mir meine Berufsausbildungsgenehmigung entzog. Das ist eine absolute Katastrophe, die normalerweise zur Praxisschliessung geführt hätte. Da ich aber so vernetzt bin, kann ich, wie es momentan aussieht, mit der Unterstützung befreundeter Ärzte meine Praxis offen halten. Das Einstehen für die Freiheit und die Menschlichkeit wird von meiner Seite jetzt noch beherzter fortgeführt werden.

Dr. med Andreas Heisler ist niedergelassener Hausarzt in Ebikon bei Luzern. Seit April 2020 befindet er sich in der Corona-Opposition und hat das Ärztenetzwerk «Aletheia – Medizin und Wissenschaft für Verhältnismässigkeit» ins Leben gerufen *(www.aletheia-scimed.ch)*. Zudem ist er im Komitee der Petition *Frühling2020*, die sich für eine ergebnisoffene und transparente Aufarbeitung der aktuellen Krise einsetzt *(www.fruehling2020.com)*.

Loretta Federspiel

Die Geschützten

Als mein Sohn noch Primarschüler war, übten wir vor dem Fernseher das Spiel, aus dem Gesicht des Politikers, der gerade sprach, zu lesen, ob er die Wahrheit sagte oder nicht. Dann war der Enkel im gleichen Alter und das Spiel wurde ernst.

Am sonnigen Freitag, dem 13. März, rief meine Schwiegertochter aus Zürich an. Gerade sei der Junge mit all seinen Sachen nach Hause gekommen, die Schulen würden geschlossen. Wir waren beide über den plötzlichen Eingriff in unser Leben erschrocken. Sie wolle ihn zu mir bringen, auf dem Land sei er sicherer.

Ich übersah die Seitenblicke auf meine Falten, die mich suspekt machten.

Es war zu vernehmen, dass man die Alten besonders schützen wolle. Diese sollten zu Hause bleiben. Wofür war ich alt? Am Montag gingen der Kleine und ich nach Vaduz, um uns mit Büchern, Spielen, Lego und seinem Lieblingsessen einzudecken. Im Bus konnte man kein Billett lösen, denn der Chauffeur bestand auf dem Schutzabstand, also fuhren wir gratis. Im Städtchen war es sehr ruhig. Überall war man freundlich mit uns, wir machten Witze mit den Verkäufern. Wohin waren die Japaner verschwunden?

Am andern Tag, o Schreck!, fand ich uns beide in der Zeitung, von hinten fotografiert. Die Bildunterschrift lautete: Die, die wir schützen wollen, drängen sich fröhlich an die Kassen der Geschäfte. Unter «meistgelesen» fanden wir unser Bild auch online – mit gehässigen Kommentaren. Ich rief die Redaktion an und warf ihr vor, Denunziantentum zu fördern. Eine Bekannte rief mich an: Das seid doch ihr in der Zeitung? Das Kind dürfte nicht bei dir sein!

Ich war glücklich, wegen Corona keine Sekunde des Zusammenseins mit meinem Enkel verloren zu haben.

Wo sind denn die Kranken? Wo sind die Toten?, rief ich einem Freund zu. Der Virus verursache ein langsames Ersticken, meinte er. Ich hörte von Familien, in denen es zu tiefen Brüchen zwischen Eltern, Kinder und Geschwistern kam und empfand tiefste Dankbarkeit, dass wir uns alle gut verstanden und sich der Kreis der Gleichgesinnten sogar vergrösserte.

Man propagierte eine neue Solidarität; die dazugehörigen Bilder machten mich bestürzt.

Inzwischen strahlte der Himmel in schönster Bläue, das Wasser in den Rietbächen war durchsichtig, die Nächte waren still und die Strassen verkehrsfrei, ich genoss das Radfahren, kaufte ein und übersah die Seitenblicke auf meine Falten, die mich suspekt machten. Man propagierte eine neue Solidarität; die dazugehörigen Bilder erfüllten mich mit Bestürzung: Stilvoll arrangiert steht ein reich mit Lebensmitteln gefüllter Korb und ein Blumenstrauss auf einem sauberen Vorplatz vor einer Haustüre aus edlem Holz. Man würde läuten und verschwinden wie der Nikolaus, dann konnte die alte Dame herauskommen und den Korb abholen... Allein gelassen – allein, allein, allein, das war der Dienst an den Alten.

Die vielen Stunden vor Youtube-Sendungen führten zu einem regen Austausch mit Menschen, die ebenfalls auf der Suche nach Informationen waren; wir waren durch unsere Leserbriefe aufeinander aufmerksam geworden. Wir trafen uns in einer Gruppe von zwei Dutzend Leuten und beschlossen einen Sonntagabendspaziergang vor dem Regierungsgebäude, wo wir eine Kerze deponierten. Wir schrieben die Politiker an, die Zeitungsredaktionen, versandten

Videos von Koryphäen der Virologie – und mit Erschrecken stellten wir fest, dass alle unsere Bemühungen gegen eine Wand des Schweigens stiessen. «Alles Blödsinn», meinte unser Gesundheitsminister.

Die grosse Demonstration in Berlin am 1. August gehörten zu den erfreulichsten Ereignissen des Sommers – mitten in die Atmosphäre von Angst und Lügen klangen ganz neue Töne: Freiheit und Frieden, liebevolle Nähe – und: Es wurde öffentlich gebetet! Wer wurde denn krank nach dieser Demonstration?

Das erneute Anziehen der Schlinge um unseren Hals war die Verordnung, Maske zu tragen. Ich bin überzeugt, dass Widerstand nötig ist, und trage keine. So wie ich meinen Schutzengel kennengelernt habe, unterstützt er mich gerne dabei, und hoffentlich hilft er auch dem Buschauffeur, der mir den Tod «durch diese Krankheit» gewünscht hat.

Loretta Federspiel-Kieber, geb. 1943 in Mauren, Liechtenstein, ist Lehrerin, Heilpädagogin, Autorin, Märchen- und Sagenerzählerin. Ausbildung in Basel, Besuch der Kunstgewerbeschule, Heirat, ein Sohn. Langjährige Tätigkeit in Zürich, dann Wohnaufenthalt in Frankreich. Wieder wohnhaft in Mauren.

Christof Ruckli

Maskenball und Demaskierung

Während die Bevölkerung hinter Masken gezwungen wurde, hat bei den Verantwortungsträgern in der Schweiz eine Demaskierung stattgefunden, wie ich sie mir bis vor einem Jahr nicht im Traum hätte vorstellen können. Im vergangenen Jahr habe ich die Schweiz kennengelernt, wie sie wirklich ist. Keine angenehme Erfahrung, aber eine wichtige. Das ist nicht die Schweiz, die ich meinen Nachkommen hinterlassen will.

Ich dachte, dass man Herr und Frau Schweizer mit Fakten überzeugen kann.

Ich habe nie geglaubt, dass bei uns alles gut ist. Aber dass so vieles im Argen liegt, hat meine schlimmsten Erwartungen übertroffen. Vom Bundesrat über das Parlament hin zu Regierungsräten und Behörden, vielen Ärzten und insbesondere den sogenannten Qualitätsmedien haben in meinen Augen praktisch alle versagt. Die Angst vor einem medial aufgeblasenen Killervirus hat den gesunden Menschenverstand in weiten Teilen der Schweiz ausgerottet.

Über viele Monate hinweg sammelte ich öffentlich zugängliche Informationen und teilte sie auf meinem neu eingerichteten YouTube-Kanal «Anti-Corona-Depro». Dabei war es mir wichtig, möglichst sachlich und ruhig aufzutreten, damit man meine Videos auch Menschen schicken kann, die an Corona als todbringende Pandemie glauben. Ich dachte, dass man Herr und Frau Schweizer mit Fakten überzeugen kann.

Falsch gedacht.

«Kann ich mir nicht vorstellen, dass die so etwas tun», habe ich als Antwort auf meine Argumente am häufigsten gehört. Heisst im Klartext: Was ich mir nicht vorstellen kann, kann nicht sein. Hätte die Menschheit schon immer so argumentiert, würden wir noch heute mit Lendenschurz und Steinbeil durch die Gegend rennen.

Und hätte Wilhelm Tell gewusst, wie obrigkeitsgläubig seine Nachfahren einst sein würden, hätte er kaum sein Leben aufs Spiel gesetzt, um für deren Freiheit zu kämpfen. Heute muss man dafür glücklicherweise nicht mehr zur Waffe greifen. Es reicht, sich im Rahmen der eigenen Möglichkeiten zu engagieren. Das hat übrigens einen äusserst positiven Nebeneffekt: Man erträgt sein Spiegelbild wesentlich besser. Ich möchte nicht mit gewissen «Würdenträgern» tauschen.

Noch nie bin ich so oft umarmt worden.

Aber Schluss mit der Kritik, auch die «Corona-Medaille» hat zwei Seiten: In meinem ganzen Leben habe ich noch nie innerhalb so kurzer Zeit derart viele grossartige Menschen kennengelernt – und noch nie bin ich so oft umarmt worden. Unglaublich, wie viele neue Freunde ich gewonnen habe und welch grossartiges Netzwerk sich entwickelt hat – ein Netzwerk, in dem man nicht zuerst die Hand aufhält, bevor man den Allerwertesten bewegt, sondern zueinander steht und einander hilft! Bei meinen Vorträgen habe ich erfahren, dass in vielen Teilen der Schweiz solche Netzwerke am Entstehen sind. Hier wächst etwas heran! Diese Persönlichkeiten haben mehr als nur gesunden Menschenverstand, sie haben das Herz auf dem rechten Fleck. Mit ihnen lässt sich eine neue, bessere Schweiz aufbauen, eine Schweiz, in der das Wohl der Menschen wieder an oberster Stelle steht, und nicht irgendwelche Konzerne aus dem Hintergrund die Fäden ziehen. Dieser Vorwurf ist übrigens mit Fakten belegt: «Zusammen bringen es die 246 Köpfe des aktuellen Schweizer Parlaments auf 2000 Interessenbindungen zu insgesamt 1700 Organisationen.» So steht es in einem Beitrag vom 12. April 2019 auf swissinfo.ch.

Auf diese Sorte «Volksvertreterinnen und Volksvertreter» verzichte ich gerne.

Bei allem Üblen der letzten Monate sehe ich auch, dass mit Corona eine Menge Dreck nach oben gespült worden ist, der schon lange vorher existierte, aber nicht erkannt worden war. Deshalb bin ich felsenfest davon überzeugt, dass Corona im Rückblick noch eine andere Bedeutung erhalten wird, nämlich als Katalysator für dringend notwendige Veränderungen.

Ich freue mich, mit engagierten, friedlichen und freiheitsliebenden Menschen an einer lebenswerten Schweiz für alle zu bauen.

Christof Ruckli arbeitete in seinem ersten Berufsleben elf Jahre als Primarlehrer. Nach einem Abstecher in die Informatik studierte er Wirtschaftskommunikation und arbeitete danach während neun Jahren in der Unternehmenskommunikation. Seit 2013 ist er selbständiger Ghostwriter und Texter *(www.treffend.ch)* und schreibt vor allem Bücher. Seit März 2020 betreibt er den Youtube- und Telegram-Kanal «Anti-Corona-Depro», in dem er die Corona-Massnahmen kritisch beleuchtet.

Michael Bubendorf

Widerstand macht Mut

Etwas verloren stehe ich an diesem Tag im April auf dem Bundesplatz, im seltsamsten aller Jahre. Ich hatte erfahren, dass Pablo Hess hier eine Petition einreiche und dass andere Bürger, die die Regierungsmassnahmen kritisch sehen, eine Mahnwache abhalten würden. Meine Forderungen an die Regenten in diesem Machtpalast vor mir kann ich nur stumm und hilflos stellen. Ohnehin glaube ich nicht, dass die Politiker, die hier ein und aus gehen, sich wirklich für das Wohl der Menschen interessieren.

*Ich muss immer das Gleiche denken:
«Es sind zu wenig.»*

In einem Traum stelle ich mir vor, wie heute Nachmittag immer mehr Leute nach Bern strömen. Dass es sich rumspricht: «Hey, wir gehen nach Bern! Alle miteinander! Wir machen dem Wahnsinn ein Ende!» Vor meinem inneren Auge wächst die Menschenmenge. Auf Schildern und aus hunderttausend Kehlen wird Menschlichkeit und das Ende des totalitären Gesundheitsstaates gefordert. Ich sehe in meiner Vorstellung, wie sich die Polizisten den Protestierenden anschliessen, weil sie ihrem Schwur auf die Verfassung treu bleiben. Und im Palast sieben gesenkte Häupter, die sich entschuldigen für all das Unheil, das sie angerichtet haben.

Aber die Massen kommen natürlich nicht nach Bern. Sie werden auch nicht an die Demo in Zürich kommen. Oder jene im Kanton Uri. Oder an die Kundgebung in Basel. Einige Hundert sind es meist, manchmal über tausend. Immer finden schöne Begegnungen mit großartigen Menschen statt. Aber ich muss immer das Gleiche denken: «Es sind zu wenig.»

Pablo Hess spricht und übergibt symbolisch seine Petition. Von der Verwaltung sehe ich niemanden, der gekommen wäre, um die vielen Unterschriften entgegennehmen. Eine Petition muss von der Regierung «zur Kenntnis genommen werden». Mehr nicht. Ich befürchte, sie tut nicht einmal das.

Wir werden in den kommenden Monaten viel planen, diskutieren, streiten und uns wieder versöhnen.

Ich spaziere über den Platz. Einige Dutzend weitere Teilnehmer sind da. Die gewohnten Abstände werden eingehalten. Meine Frau ist mit mir da und meine beiden Töchter. Sonst kenne ich niemanden. Es ist angenehm lau und sonnig. Die Stimmung feierlich und zugleich bedrückt.

«Was hat Ihr Widerstand jetzt gebracht?», wird mich ein Zyniker in einem der asozialen Netzwerke später zu diesem Tag in Bern fragen.

Hier sind mir Alec Gagneux und Christoph Pfluger zum ersten Mal begegnet. Wir wechseln nur wenige Worte. Wir ahnen noch nicht, dass wir in den kommenden Monaten so viel planen, diskutieren, streiten und uns wieder versöhnen werden. Wir wissen auch noch nicht, dass wir drei Monate später mit etwa dreissig Mitstreitern die «Freundinnen und Freunde der Verfassung» gründen werden. Dass die Schweizer Stimmbevölkerung dank der Arbeit der Verfassungsfreunde und den vielen Sammlerinnen und Sammler wenigstens über einen Teil der Regierungsmassnahmen wird abstimmen dürfen – als einziges Volk der Welt. Dass Menschen in der ganzen Welt die Kunde hören werden und dass die Meldung bis nach New

York dringen wird: Das unbequeme Alpenvölklein erzwingt die Volksabstimmung über die Regierungsdiktate.

Was mein Widerstand also gebracht hat? Er war der erste Schritt. Man muss ihn tun, um herauszufinden, was noch kommen kann.

Die Polizei macht Druck. Unsere Versammlung würde eine Demonstration darstellen. Demonstrationen sind jetzt verboten. Die Staatsgewalt will uns zwingen zu gehen. Ein grosser Hund mit eindrücklichem Gebiss wird demonstrativ auf den Platz geführt. Dass die Abstände eingehalten werden, interessiert niemanden. Es geht ums Prinzip. Der Staat will jetzt den totalen Gehorsam. «Das ist nur ein paar Wochen so. Vielleicht ein paar Monate.» Ob der Polizist, der diese Worte an mich richtet, heute manchmal über seine Sätze nachdenkt, wenn er Menschen nachsetzt, die sich umarmen oder sich weigern, diese dummen Stofffetzen im Gesicht zu tragen?

Die Polizei wird den Platz vor mir verlassen. So viel habe ich mir erkämpft. Sie haben mir befohlen zu gehen. Ich blieb. Das hat sich gut angefühlt nach den Wochen der Drangsalierung. Es ist paradox: Zu widerstehen hat Mut gebraucht – und gleichzeitig Mut gemacht. Wie ein Feuer, das sich selbst nährt. Der Ungehorsam tat gut.

«Ungehorsam» wird auch auf dem Strafbefehl stehen, den ich erst viele Monate später erhalte. Zum Zeitpunkt, in dem ich diesen Text schreibe, ist der Strafbefehl immer noch hängig. Auf meinen Einspruch hat die Staatsanwaltschaft bis heute nicht reagiert. Die Staatsmacht scheint die juristische Aufarbeitung zu fürchten.

Der Psychologe Erich Fromm sagte: «Weder ein gutes noch ein schlechtes Ergebnis stellt sich automatisch oder in vorbestimmter Weise ein. Die Entscheidung liegt beim Menschen selbst.» Damit bin ich gemeint. Und damit bist auch Du gemeint.

Michael Bubendorf ist Unternehmer in der Hochseeschifffahrt. Seine freiheitliche Haltung bringt er gerne schreibend zum Ausdruck. Mit seiner Familie lebte er fünf Jahre in Uganda, was ihn für die Zusammenhänge von Wirtschaft und Wohlstand sowie die verschiedenen Ausprägungen autokratischer Herrschaftsformen sensibilisierte. Er lebt mit seiner Frau und seinen Töchtern in Sissach, BL.

Tamara Fretz

Hinfallen und Aufstehen

Es waren wiederkehrende Momente: Ich sitze allein am Tisch, habe gerade wieder irgendeine Nachricht gelesen, ein Video gesehen, ein weiteres Schicksal traurig zur Kenntnis genommen oder mit der Corona-Bus-Tour mitgefiebert, da fangen Tränen an zu fliessen. Ich schüttle den Kopf über die unglaublichen Ereignisse, über die grenzenlose Dummheit und das Unverständnis, kann es nicht fassen, nicht nachvollziehen. Ich will all diese Ignoranz nicht wahrhaben. Ich will diesen Albtraum verlassen und aufwachen. Doch ich bin ja selber die Aufgewachte. Ich schluchze, ich trockne mein Gesicht, atme tief durch, versuche zu lächeln und sage mir: «Kopf hoch – weiter kämpfen!»

Findet sich nicht irgendwo ein Trick oder Knopf oder Spielzeug, mit dem sich die Vernunft des Menschen wieder einschalten liesse?

Ich habe resigniert. So viele Monate versuchte ich die Familie und Freunde zu informieren, aufzuklären, appellierte an die Vernunft; vergebens. Sogar bei meinem eigenen Vater: Er ist eigentlich ein gescheiter Mann, und ich hatte doch des Öfteren das Gefühl, er hätte es nun endlich verstanden. Einfache Mathematik: Nur wenige werden krank, fast alle davon wieder gesund, copy paste Grippe. Doch am Ende kommt von ihm wieder der Satz: «Aber ich trage eben das Risiko.» Das Risiko wovon? Mit über achtzig ist es nun mal natürlich, dass man an einer Bagatelle bereits versterben kann, das Leben ist endlich. Unter dieser Plandemie ist sämtliche Logik eingestürzt, die Vernunft wurde offenbar aus dem Duden gestrichen. Schliesslich besinne ich mich auf Darwin und sagte mir: «Lass der Evolution freien Lauf; survival of the fittest».

Dieses Gefühl des Alleinseins… Empfinde tatsächlich nur ich so? Zweifel: Liege ich etwa doch falsch? Steht die Menschheit wegen dieses Erregers tatsächlich in Gefahr des Aussterbens? Dann denke ich nochmals gut durch, was ich in der Ausbildung zur medizinisch-biologischen Laborantin gelernt habe. Nein, es stimmt, das Immunsystem funktioniert so, wie Professor Bhakdi es ebenfalls erklärt hat, und in der Verfassung steht, dass nichtmenschliches Erbgut nicht in unser Erbgut eingebracht werden darf. Die Statistiken zeigen keinen Unterschied zu Grippewellen vergangener Jahre. Der PCR-Test kann alles in allem finden, wie es Kary Mullis ausgedrückt hat, und er, der Entwickler des Tests, muss es ja gewusst haben. Ruhe in Frieden, der du das nicht mehr miterleben musst…

Mein Mann, ein Zahnarzt, sieht es wie ich. Es sind die anderen, die manipuliert wurden – von der Regierung und den Mainstreammedien. Die Gehirne glänzen schon, so sauber gewaschen sind sie; die Vernunft wurde dabei allerdings herausgespült.

Ich bin seit Jahren nicht mehr im Labor. Ich liebte diese Arbeit, aber die Denkmuster der sogenannten modernen Wissenschaft kamen irgendwie nicht zur Deckung mit meinem eigenen Verständnis davon, was *Wissen schaffen* sei. Also kümmere ich mich jetzt als Tierpsychologin um Verhaltensweisen von Tieren. Nun sind etwa 98% unserer Gene identisch mit dem Schimpansen-Genom; müsste man also nicht vom Tier zum Menschen schlussfolgern können? Findet sich nicht irgendwo ein Trick oder Knopf oder Spielzeug, mit dem sich die Vernunft des Menschen wieder einschalten liesse?

Leider scheitert der Versuch, ich habe die Methode noch nicht entdeckt. Meine Vermutung für die Vernunftpause: Es ist ein «Kampf-oder-Flucht»-Mechanismus mit angehängtem «Selber-denken-ist-mit Aufwand-verbunden»-Modus und integriertem Selbstschutz vor «Kopfweh-nach-dem-Aufwachen». Määäähhhhhh!

Ich habe gelernt loszulassen, Distanzen zu akzeptieren, Freunde zu verlieren und versteckte Botschaften zwischen den Zeilen zu lesen.

Doch ich kann nicht sagen, dass das Corona-Jahr für mich persönlich eine Katastrophe gewesen wäre. Ich habe so viel gelernt und erfahren, bin an der ganzen Sache gewachsen, selbstbestimmter und noch direkter geworden. Habe gelernt loszulassen, Distanzen zu akzeptieren, Freunde zu verlieren und versteckte Botschaften zwischen den Zeilen zu lesen. Nicht jeder Böse ist bös und nicht jeder Gute meint es gut mit uns. Ich habe so viele neue Menschen getroffen und bei Gleichgesinnten so viel Nähe, Geborgenheit, Verständnis, Unterstützung, Zustimmung und Bestätigung erfahren dürfen, dass es Freude macht, ein Teil dieser Gemeinschaft zu sein.

Ich wünsche mir aber, dass die Verantwortlichen dieser planetarischen Tragödie irgendwann zur Rechenschaft gezogen werden; und dass wir eines Tages wieder eine Gesellschaft mit Respekt und Toleranz als Fundament werden und nicht in Parallelwelten Schlafschafe hier und Covidioten dort nebeneinander her leben müssen. Aber wenn es denn nicht so sein soll, bin ich dankbar, auf der richtigen Seite zu stehen, zusammen mit vielen – um einen gemeinsamen Weg in Liebe, in Freiheit und in Menschlichkeit zu gehen.

Tamara Fretz arbeitet als selbstständige Tierverhaltensberaterin für Haustiere und Rinder im Kanton Fribourg. *www.cow-girl.ch*
Sie ist mit einem Zahnarzt verheiratet und Mami eines Sohnes. Als gelernte med.-bio. Laborantin zweifelte sie an der PCR-Testung und wurde aktiv bei *Aletheia*, bei den *Freunden der Verfassung* und den *Freiheitsboten*.
Ehrenamtlich ist sie im Tierschutz tätig für Haie, Meeresschildkröten und Fledermäuse.

Markus Häni

An der T-Kreuzung

«Neue Wege» – dies war in den 40er Jahren der Name einer sozialistisch-religiösen Schweizer Zeitschrift. Der Herausgeber Leonhard Ragaz hat sich Zeit seines Lebens für eine bessere Welt im Namen Gottes eingesetzt. Er war in der Friedensbewegung der Zwischenkriegsjahre aktiv und sah schon früh einen zweiten Krieg herannahen. Er schrieb einmal: «Wenn das offizielle Christentum kalt und verständnislos dem Werden einer neuen Welt zuschauen wollte, die doch aus dem Herzen des Evangeliums hervorgegangen ist, dann wäre das Salz der Erde faul geworden.»

Wir entfernen uns Schritt für Schritt von dem, was das Menschsein ausmacht.

Auch ich bin in den zurückliegenden zehn Monaten mit dem Werden einer neuen Welt konfrontiert und in einen Kriegszustand katapultiert worden, den Krieg gegen das unsichtbare Virus – und dies hat mich auf neue Wege gebracht. Das offizielle Christentum hat auch auf diese Herausforderung keine Antwort formuliert. Und ich bin kein bekennender Christ. Aber als eigenständig und oft intuitiv wahrnehmender Mensch kann ich noch immer meinen Augen und Ohren kaum trauen, wenn ich all den Unsinn, Blödsinn und Irrsinn beobachte, der unsere Gesellschaft zu zersetzen droht. Ich habe schon früh realisiert, wohin uns der von den Behörden vorgeschriebene Weg führt: Wir entfernen uns Schritt für Schritt von dem, was das Menschsein ausmacht. Abstand statt Berührung. Spaltung statt Gemeinschaft. Angst statt Vertrauen. Diffamierung statt Dialog. Darum habe ich gegen alle Massnahmen gewettert, hab mir den Mund auf den sozialen Medien und im Freundeskreis fusselig geredet und mich aus Wut heraus auch radikal geäussert – aus einer Wut, die ich an mir so nicht kannte. Dies hat dazu geführt, dass viele sogenannte Freunde meinen Weg nicht mehr mitgingen.

Aus Wut habe ich mich auch radikal geäussert – aus einer Wut, die ich an mir so nicht kannte.

Die Zeit des Lockdowns erlebte ich zunächst als deprimierend. Vieles, wofür mein Herz brannte, war mir verwehrt: Chorsingen, Kultur, meine zwei Berufe, in denen ich mit kleinen und grossen Kindern zu tun habe, Gemütliches Beisammensein mit Menschen. Sie gab mir aber mehr Zeit für mich und zwang mich, zum Teil auch schmerzlich, zu neuen Sichtweisen auf mein bisheriges Leben und den Umgang mit Problemen und Konflikten. Zum Glück gewann und gewinne ich noch immer ganz viele Freunde – die wunderbaren Menschen in der coronakritischen Bewegung. Die Lockdown-Phase brachte mich vorübergehend auch näher zu meiner geliebten Freundin, da die Fernbeziehung sehr profitierte vom Gebot des Homeoffice bzw. des Arbeitsverbots, indem wir mehr Zeit miteinander verbrachten. Später haben sich unsere Wege getrennt.

Wir als Einzelne stehen vor einer T-Kreuzung, an der kein Weitergehen auf dem bisherigen Weg möglich ist. Auch in unseren Partnerbeziehungen und in der Beziehung zu uns selbst. Es liegt in unseren Entscheidungen, wohin wir und unsere Gesellschaft gehen werden. Sie wird sicher nie mehr die gleiche sein wie vor der Krise. Und das ist gut so.

Mit meiner Teilnahme an einer Demo im Mai begann ein Konflikt mit meinem Arbeitgeber. Zunächst musste ich mittels einem Zweitgutachten darum kämpfen, dass mein Maskenattest akzeptiert wurde. Dies bescherte mir in Form einer Abmahnung einen

Maulkorb an der Schule und endete nach einer öffentlichen Rede im Februar dieses Jahres mit der Kündigung. Es ist wohl typisch für diese Zeit, dass die Entscheidung, für die innere Wahrheit meines Herzens einzustehen, zu einer beruflichen Neuorientierung führte – wenn auch einer erzwungenen. Aber der Weg war stimmig: Es war die bewusste Wahl, zu meinen moralischen Überzeugungen zu stehen, auf meinen gesunden Menschenverstand zu hören, Gesicht zu zeigen und in der Öffentlichkeit die Stimme zu erheben gegen die willkürlichen, die Gesellschaft schädigenden Massnahmen. Es war auch ein Weg zu mir selbst. Aus einem halbwegs kritischen, braven Stimmbürger wurde ein idealistischer Mensch, der sich für eine bessere Welt einsetzt und der Politik grundsätzlich misstraut. Der Weg kostet mich täglich viel Kraft und ist oft voller Zweifel und Angst. Doch ich werde ihn bis zum Schluss gehen.

Markus Häni ist Kantonsschullehrer im Aargau sowie als Römerlegionär Geschichtsvermittler im Freiluftmuseum Vindonissa und wurde 2020 zum hartnäckigen Corona-Aktivist. Er ist Vorstandsmitglied der «Freunde der Verfassung» *(www.verfassungsfreunde.ch)* und Präsident und Sprecher des «Aktionsbündnisses Aargau-Zürich für eine vernünftige Coronapolitik» *(www.aargau-zuerich.ch)*

Lars Flöter

Unruhestiftung

Unter meinen Kollegen waren nicht wenige, die im Frühling ihre Nebendiagnosen auf den Listen der Risikogruppen mit Textmarkern feuerrot anstrichen und auf Freistellung hofften. Mich hingegen nahm mein Vater zur Seite und erinnerte mich daran, dass ich diesen Beruf selber gewählt hatte. Er erwarte von mir, dass ich auch in der zu erwartenden schweren Zeit nicht von meinem Posten wiche – auch wenn ich mich damit selbst gefährden sollte. Aber dafür hatte auch ich mich längst entschieden. Also wartete ich auf die «Welle».

Ich wartete Woche um Woche, und erst allmählich begriff ich, dass es meinen Kollegen nicht anders ging; auch sie warteten. Entgegen der Darstellung in den Medien und im Widerspruch zu hochdramatischen Vorgängen wie der Verhängung von Ausgangssperren für Pensionäre und der Einberufung des Militärs blieb es in den Spitälern nicht nur ruhig, sondern sie verödeten geradezu!

Eigentlich verwaltete ich nur noch die Absagen von Sprechstunden und Operationen.

Als Selbständiger konnte ich mich nicht in eine Kurzarbeitsregelung retten, aber eigentlich verwaltete ich nur noch die Absagen von Sprechstunden und Operationen, und die Stationen und Flure über und unter meinem Büro leerten sich komplett. Ich selber durfte immer noch Notfälle operieren, erhielt aber schon erste Berichte von Kollegen, die aus wirtschaftlichen Gründen in die Privatinsolvenz rutschten. Ausserdem trafen unfreundliche Anfragen von Staatsanwälten ein, die sich dringend für die Indikation unserer Notfälle interessierten.

Während die Medien von Überlastung sprachen und die Rolle des Militärs betonten, sassen die Rekruten über den Club-Sandwiches in der Cafeteria und sagten mir im Operationssaal, dass sie das erste Mal ein Spital von innen sähen. Das für Notfalloperationen ausgebildete Personal hingegen sass zu Hause im Garten.

Die Rekruten sagten mir im Operationssaal, dass sie das erste Mal ein Spital von innen sähen.

Aus einem Kafka-Roman wurde mehr und mehr «Die Schildbürger bauen ein Rathaus», und eine Vorstellung davon bildete sich heraus, was man von den Verantwortlichen und Entscheidungsträgern in punkto Krisenmanagement erwarten könne. Diese Vorstellung wurde noch klarer, als ich Einladungen zum «Fragen stellen» und «Diskutieren» tatsächlich folgte – wo ich sogleich dem Vorwurf der Unruhestiftung begegnete, verstärkt mit der unverhohlenen Drohung mit beruflichen Sanktionen.

Den ganzen Sommer hatte ich dann damit zu tun, die liegengebliebene Arbeit aufzuholen. Dann war die zweite Welle da. Es kam ein perfekter Winter, den wir wiederum als Zaungäste geniessen durften. Alles was in der ersten Welle schon nicht gewirkt hatte, wiederholt man mit «härter und länger». Wie Einstein sagte: «Irrsinn ist, immer wieder das Gleiche zu tun und ein anderes Ergebnis zu erwarten.»

Ich kenne die Statistiken, studiere die Alterskohorten, verfolge die Anzahl der Hospitalisationen und auch die Todeszahlen; trotzdem ist es nicht das, was mich schockiert – sondern die Leichtigkeit, mit der die Menschen ihr altes, gutes Leben aufgeben, weil man ihnen einredet, irgendein höheres Opfer müsse gebracht werden und dass es ohne «Massnahmen» noch schlimmer wäre. Beweisen muss man solche Binsenweisheiten freilich nicht... Dabei stelle ich fest, wie sich unsere einst lebhafte Innenstadt in eine öde Häuserschlucht verwandelt hat, und ich sehe, wie lebensfrohe und fleissige Menschen nun vor dem Nichts stehen und in Verzweiflung, Not und Krankheit stürzen. Fehlentscheidungen auf der Grundlage von «Computermodellen» und arroganter Dilettantismus bei der Umsetzung prägen das Bild der Regierungsverantwortlichen. Selbst unter dem Eindruck der Corona-Toten, die ich selber gesehen habe, gilt mein Entsetzen dem Umstand, dass Grundrechte, die man mir, als ich vor Jahren die Schweizer Staatsbürgerschaft erhielt, als «garantiert» und «unverhandelbar» vorstellte, wegrasiert werden.

Ich bin froh, dass ich in der Situation von Frustration, Ohnmacht und Zweifel Anschluss an das «Aktionsbündnis der Urkantone» gefunden habe. Menschen, die vieles trennt, aber die Liebe zu ihrem Land, ihrer Heimat und ihren Familien vereint. Ich kann jedem nur empfehlen, die Spaltung von Familien, Freundes- und Kollegenkreisen zu vergessen und sich denen anzuschliessen, die das Virus nicht mit Fragmentierung, Distanzierung und Vakzination bekämpfen wollen, sondern mit den Kräften der Solidarität, durch eine ergebnisoffene Diskussion und mit dem Mut freier Bürger!

Dr. Lars Flöter ist 1967 in Riesa (Sachsen) geboren und floh mit 20 Jahren als Elektriker in die Bundesrepublik Deutschland. Auf dem zweiten Bildungsweg absolvierte er sein Abitur und machte ein Medizinstudium. In der Schweiz folgte dann die Ausbildung zum Facharzt für Neurochirurgie (FMH). Mittlerweile operiert Dr. Flöter nicht nur in Uri, sondern in zahlreichen anderen Spitälern der Schweiz als Belegarzt. Er ist stolzer Schweizer Staatsbürger und Vater einer 3-jährigen Tochter.

Barbara Müller

Stärke des Volkes?

Im November wurde ich im Zug kurz vor Thun von zwei Transportpolizisten rüde aufgefordert, das angeblich zwingend erforderliche medizinische Attest zur Maskenbefreiung vorzuweisen. Ein Zugbegleiter erdreistete sich noch anzufügen, dass er das Recht hätte, über dessen Gültigkeit zu befinden! Da die Kontrollbefugnis nicht geregelt ist, machte ich klar, dass ich das Attest nicht vorweisen müsse, worauf mir ebenso deutlich entgegnet wurde, ich hätte in Thun den Zug zu verlassen. Nein, habe ich nicht, da ich über ein gültiges Billett verfüge! Kurz und gut: Man packte mich an den Armen, und ich wurde gewaltsam aus dem Zug herausgeschmissen. Da ich antikoaguliert, also blutverdünnt bin, hinterliess diese Aktion hässliche Spuren in Form von Hämatomen (die ich später ärztlich attestieren liess). Man wollte mich ausserdem vom Gelände des Bahnhofes Thun wegweisen. Aber das entsprechende Formular unterschrieb ich nicht, da ich es nicht lesen konnte. Worauf die beiden Transportpolizisten und ihre beiden Hunde sowie die beiden beigezogenen Kantonspolizisten unverrichteter Dinge den Bahnhof verliessen und mich ohne Maske auf dem Perron stehen liessen.

Man packte mich an den Armen, und ich wurde gewaltsam aus dem Zug herausgeschmissen.

Ich blieb fassungslos zurück; zu welch wirklich hässlichen Aktionen Transportpolizisten, also Angestellte der SBB, fähig sind, war mir bis anhin nicht klar gewesen. Gewisse Angehörige dieser Berufsgruppe scheinen sich daran zu ergötzen, Befehlsgewalt auszuüben; immerhin hatte die Drohung, dass ich strafrechtliche Schritte einleiten könnte, die Mehrheit von ihnen zur Räson gebracht. Ich reichte jedenfalls Strafanzeige wegen Nötigung, Diskriminierung, Freiheitsberaubung, Körperverletzung und Amtsmissbrauch gegen die Polizisten ein. Das Verfahren ist hängig. Ob der demokratische Rechtsstaat noch gebührend funktioniert, wird sich weisen.

Der Willkür gilt es in Übereinstimmung mit der Verfassung – Artikel 9 – Einhalt zu gebieten. In gutem Treu und Glauben werde ich mich weiterhin für die verfassungs- und gesetzesgemässen Rechte einsetzen: Es geht nicht an, dass vor allem die schwächeren Mitglieder unserer Gesellschaft (Kinder, Menschen mit Behinderungen, Senioren) unter einer derartigen gesellschaftlichen Katastrophe zu leiden haben! Wie steht es doch erhaben, ja schwülstig in der Präambel der Bundesverfassung: «Das Schweizervolk und die Kantone ... gewiss, dass frei nur ist, wer seine Freiheit gebraucht und dass die Stärke des Volkes sich misst am Wohl der Schwachen!»

Genau dieses Wohl der Schwachen wird mit Füssen getreten, denken wir nur an die vereinsamten alten Menschen in Pflegeeinrichtungen, aber auch an Menschen mit Behinderungen, die (nicht immer freiwillig) in Heimen leben. Auch ihnen wurden die Kontaktmöglichkeiten rigoros eingeschränkt. Wo hier die Empathie geblieben ist, bleibt mir ein Rätsel.

Die Willkür seitens der Politik wie auch der Wissenschaft und der Task Force ist unerträglich geworden.

In ungezählten Mails und Telefonanrufen wurde mir berichtet, in welcher Art mit Menschen, die von der Maskentragepflicht befreit sind, umgesprungen wird: Eine Schande für einen demokratischen Rechtsstaat, den ich als gewählte Kantonsrätin stets respektiert und verteidigt habe! Die Willkür seitens der Politik wie auch der Wissenschaft (wie etwa zunehmend von Mitgliedern der Task Force) ist unerträglich geworden.

Weit mehr jedoch belasten mich die Auseinandersetzungen, die zwischen meiner eigenen Partei, der SP und mir ausgebrochen sind. Mein Einsatz für die Schwächeren sei parteischädigend, hiess es: Wie absurd ist denn dieser Vorwurf? Ich hätte mich parteilinientreu zu äussern – wobei die Meinungs- und Gewissensfreiheit nicht gelte. Welch erbärmlicher Versuch der Zensur – Zensur mit der Absicht, die Macht, die jetzt von SP-Behördenvertretern ausgeübt beziehungsweise missbraucht wird, aufrechtzuerhalten. Und wahnwitzigerweise wird zudem eine Spaltung zwischen Menschen mit Behinderung betrieben: Auch hinsichtlich deren Schutz in der Krise hätte ich mich nur noch in «behindertenkonformer» Weise zu äussern.

Unter diesen Umständen werde ich sicherlich den Konflikt mit der Partei riskieren, auch wenn er bis zum Beziehungsabbruch geht. Die Unterstützung, die ich durch andere Menschen mit Behinderung erfahre, ist gewiss nicht geringer!

Dr. sc. nat. ETH Barbara Müller ist Naturwissenschaftlerin (Geologin) und befasst sich als freiberufliche Wissenschaftlerin ausführlich mit interdisziplinärer Forschung in Verbindung mit Mikrobiologie und Medizin. Im Nebenamt Kantonsrätin im Kanton Thurgau hat sie sich früh kritisch mit Corona-Statstik, Tests und Massnahmen auseinandergesetzt, sei es über Social Media oder auch als Kolumnistin, Rednerin und vor allem als Vertreterin von Menschen mit Behinderung.

Josef Ender

Ein wunderschöner Moment

Am 8. April verlängerte der Bundesrat den Lockdown; der Grund war mir nicht ersichtlich. Nie vergesse ich den Moment, als ich weinend am Küchentisch sass und immer wieder dachte: «Jetzt ist unsere Demokratie am Ende.» Für mich war klar: Nun ist jeder Schweizer gefordert, auf diese irrsinnige Einschränkung unserer Grundrechte aufmerksam zu machen und seine verfassungsmässigen Rechte zurückzufordern, welche uns von der Regierung widerrechtlich entzogen wurden. Der Bundesrat nimmt sich sämtliche Rechte aus dem Epidemiengesetz, hält sich aber an keine der Pflichten. Zum Beispiel: Fortlaufend müsste überprüft werden, ob die Massnahmen wirksam sind. Dies wird auch nach fast einem Jahr komplett ignoriert.

Ich sass weinend am Küchentisch und dachte immer wieder: «Jetzt ist unsere Demokratie am Ende.»

Am 9. Mai fuhr ich zum ersten Mal in meinem Leben zu einer Demo. Auf den Berner Bundesplatz wollte ich. Dieser war von der Polizei jedoch weiträumig abgesperrt. Etwas davor, auf dem Bärenplatz, versammelten sich weit über tausend friedliche Demonstranten. Die Medien berichteten von zweihundert. Wir rieben uns die Augen: Wie können die Medien solchen Unsinn berichten?

Eine Woche später fuhr ich mit Marion erneut nach Bern. Diesmal wurden wir von einem noch massiveren Polizeiaufgebot überrascht. Schon weit vor dem Bundesplatz standen auf beiden Seiten der Strasse je etwa ein Dutzend Polizisten und kontrollierten die Passanten. Wir wurden verdächtigt, an einer verbotenen Demo teilnehmen zu wollen und wurden für 48 Stunden aus Bern verwiesen. Wir konnten es nicht fassen, in der freien Schweiz daran gehindert zu werden, unsere Meinung zu äussern. Trotzdem gingen wir zum Bärenplatz, wo eine enorm bedrückende Stimmung herrschte. Auch hier war alles voller Polizei; jeder, der es auch nur wagte, ein Transparent hochzuhalten, wurde sofort vom Platz geführt. Nach kurzer Zeit traten zwei Beamte zu uns und fragten uns, ob wir nicht weggewiesen worden seien. Wir antworteten wahrheitsgetreu und wurden aufgefordert mitzukommen, wir würden verzeigt werden. Ich fragte, ob ich wenigstens noch mein kleines Transparent zeigen dürfe. Auf der einen Seite stand: «Freiheit», auf der anderen: «Stanford-Professor John Ioannidis: Covid-19 ist etwa gleich gefährlich wie die Grippe». Der Polizist erlaubte es nicht, liess mich aber doch gewähren, als ich das Blatt in die Höhe hielt, während wir vom Platz begleitet wurden. Die Leute applaudierten. Ein Gefühl der Zusammengehörigkeit kam auf, es war ein kleiner Erfolg, den wir zusammen gegen die erdrückende Staatsmacht errangen.

Shoppen war erlaubt, Meinungsäusserung verboten.

Das Polizeiaufgebot eine Woche darauf war wiederum grösser. Die meisten Protestierenden liessen sich einschüchtern. Nur ein paar Mutige fanden sich ein, doch alle wurden sofort vom Platz verwiesen. Es war regnerisch, und wie begossene Pudel standen wir unter den Lauben, wo die Massen unbehelligt ihren Shoppingtouren nachgingen. Dicht gedrängt, ohne Masken. Shoppen war erlaubt, Meinungsäusserung verboten.

In der Folge nahm ich fast jedes Wochenende irgendwo in der Schweiz an einer Kundgebung teil. Oft auf dem Zürcher Sechseläutenplatz, aber auch in Genf und am Bodensee. Im Juni war auch meine

22-jährige Tochter Linda mit dabei. Anschliessend sagte sie, dass sie auch künftig mitkomme. Ich fragte, warum. Ihre Antwort bewegt mich heute noch: «Aus Überzeugung!» Immer wieder berührt es mich im Herzen, wenn ich an diesen wunderschönen Moment zurückdenke. Es erfüllt mich mit Stolz und Glück, dass sie sich für Demokratie, Verhältnismässigkeit und gesunden Menschenverstand einsetzt.

Josef Ender, aufgewachsen auf einem Bauernhof im Muotathal. Stolzer Vater von zwei erwachsenen Töchtern. Seit 16 Jahren Geschäftsführer der eigenen Informatikfirma mit 6 Mitarbeitern. Er ist Sprecher des «Aktionsbündnis Urkantone für eine vernünftige Corona-Politik».

Maria Wegelin

Findet den Affen!

Ein Film aus dem Jahr 1995 hat sich tief in meiner Erinnerung eingebrannt: «Outbreak – lautlose Killer». Wissenschaftler in gelben Ganzkörperschutzanzügen betreuen kranke und sterbende Menschen, stellen eine ganze Stadt unter Quarantäne und suchen verzweifelt nach einem kleinen Affen, der alle retten kann. Würde man den Massenmedien glauben, müsste dann die Corona-Krise nicht genau zu einem solchen dramatischen Szenario führen? Irgendwie warte ich darauf.

Mir wurde im Scherz von Freunden nachgesagt, ich hätte während des Lockdowns doch noch mehr Alkohol getrunken als eingerieben.

Aber ist die Lage wirklich so übel? Stattdessen wurden nämlich absurde Massnahmen eingeführt: Plötzlich durfte man sich die Hände nicht mehr schütteln und sich nicht mehr umarmen. Abstand hiess das Zauberwort. Erst zwei Meter, dann nur noch ein Meter fünfzig. Die Abfalleimer im Schulhaus meines Sohnes wurden ausgetauscht gegen Modelle mit Deckeln. Blöd nur, musste man die Deckel mit der Hand anheben... Dann folgten die Desinfektionsmittelspender. Mir wurde im Scherz von Freunden nachgesagt, ich hätte während des Lockdowns doch noch mehr Alkohol getrunken als eingerieben. Das konnte ich mit gutem Gewissen bestätigen, schliesslich habe ich sämtliche Desinfektionsmittel von Anfang an gemieden. Unter anderem, weil ich weiss, dass normale Seifen jedem Virus den Garaus macht und normales Händewaschen völlig ausreicht. Doch meistens waren die Behälter mit den Desinfektionsmitteln sowieso leer oder gestohlen. Treffen mit Freunden und sogar innerhalb der Familie wurden eingeschränkt. Man riss zwar Witze darüber, dass der nette Nachbar einen anzeigen könnte wegen irgendeiner neuen Regel, die man selbst noch gar nicht kannte und deshalb übertrat, doch hinter der Heiterkeit blieb ein ungutes Gefühl; man kam sich vor wie ein noch nicht überführter Verbrecher.

In Zeiten von Corona dürfen alte Leute anscheinend nicht mehr sterben.

Täglich wurden irgendwelche absoluten Fallzahlen präsentiert, die auf sogenannten PCR-Tests basierten. Kaum ein Mensch wusste bis dahin, was ein PCR-Test überhaupt ist. Die meisten wissen es auch heute noch nicht – aber sie wissen: Ein positives Resultat bedeutet etwas Negatives. Nämlich, dass man gesund in Quarantäne geschickt wird. Meine Nachbarin, die noch keine sechzig ist, sich aber wegen ihres gesundheitsbewussten Lebensstils oft an der frischen Luft aufhält und deshalb vielleicht etwas älter aussieht, als sie ist, wurde auf offener Strasse aus dem Auto heraus beschimpft, sie solle gefälligst zu Hause bleiben. Man wollte sie also weggesperrt haben – wie die Urgrossmutter meiner beiden Jungs, die wohl alles dafür geben würde, ihr Leben lebenswürdig weiter zu führen. Auch unter der Gefahr, als über Neunzigjährige *an* Corona zu sterben (oder war es nun schlicht *mit* Corona?). Das wäre doch besser, als ihr Lebensende allein und einsam in einem Pflegeheim zu fristen, ohne Kontakt zur Familie! In Zeiten von Corona dürfen alte Leute anscheinend nicht mehr sterben…

Es wurde Sommer und Herbst und wieder Winter, und die zweite Coronawelle, die zu erwarten war, erwischte uns voll auf dem falschen Bein. Wir befanden uns in einem zweiten Lockdown.

Einer meiner Freunde, ein Wirt, stand nun definitiv vor dem Ruin, nachdem er sich im ersten Lockdown ins Zeug gelegt und die Krise mit enormem Einsatz überstanden hatte. Zuerst musste er drei seiner Angestellten entlassen, um die Miete und Löhne bezahlen zu können, dann seinen Oldtimer und das Cabrio seiner Partnerin verkaufen, und zu guter Letzt machten wir einen Spendenaufruf, damit er zumindest einen weiteren Monat überleben konnte.

Jetzt wären diese in gelbe Schutzanzüge gekleideten Einsatzkräfte nötiger denn je gewesen, aber nicht, um kranken und sterbenden Menschen das Leben zu verlängern. Jetzt ging es darum, gesunden Menschen die Lebensgrundlage zurückzugeben. Ich wünschte mir so sehr, dass dieser kleine Affe gefunden würde, der uns alle aus diesem Irrsinn herausführen könnte. Doch das ohnmächtige Gefühl blieb, dass dies noch lange nicht der Fall sein würde.

Dr. med. vet. Maria Wegelin ist Mutter und Hausfrau und als SVP Präsidentin und Gemeinderätin der Stadt Winterthur politisch tätig. Zudem hat sie einen international anerkannten Titel als Veterinärpathologin, Dipl. ECVP. Standardtanz, Rennvelo fahren, joggen und lesen dürfen in ihrer Freizeit nicht fehlen. Auch schreibt sie immer wieder kritische Berichte zum Thema Corona. *www.maria-wegelin.ch*

Patrick Jetzer

Das Jahr 2020 holte raus, was in dir steckte

Im Januar wurde bekannt, dass sich in China ein Virus verbreite. Ich dachte mir Vogelgrippe, Schweinegrippe, das kennen wir doch. Und unsere Politiker machten auf cool. Doch dann kam Bergamo, und sie legten eine 180-Grad-Wende ein. Ich begann mir Sorgen zu machen. Nicht wegen Bergamo, sondern wegen dem hektischen Agieren der Politiker und dem Geschrei der Medien. Es wurde medial Angst geschürt – aber wer nicht empfänglich ist für Angst, aus dem kann sie auch nicht rausgekitzelt werden. Politiker liessen sich zu Aussagen hinreissen wie: Die Maske diene zur Disziplinierung, zur Erinnerung, dass das Virus noch da sei. Mir kam dies wie Kleinkinderziehung in seiner schlechtesten Form vor.

Ich ermächtigte mich selbst.

Ich fing an zu recherchieren, und die Ergebnisse begannen bald Buchform anzunehmen. Immer wieder sendete ich meine gewonnenen Erkenntnisse an Zeitungen und Politiker, und ich tat mich mit Ärzten zusammen, um gehört zu werden. Nichts. Man schrieb gegen eine Wand. So blieb Menschen wie mir nichts anderes übrig, als die Dinge selber in die Hand zu nehmen: Dinge zu tun, die ich noch nie zuvor getan hatte. Dinge zu tun, von denen der Bünzli-Schweizer dachte und auch immer öfter sagte: «Das ist nicht deine Verantwortung, wer bist du, dass du es wagst!» Ich hingegen ermächtigte mich selbst.

So war es für mich geradezu ein Schock zu hören, wie Nationalräte am Podiumsgespräch in Aarau von sich gaben, keine Zeit zu haben, sich in die wissenschaftlichen Aspekte von Corona einzulesen. Sie würden einfach darauf vertrauen, die rechten Informationen zu erhalten. Diese Politiker ermächtigen sich nicht einmal dazu, selber kompetent zu werden, und entscheiden doch über meine Freiheit? Das Jahr 2020 machte transparent, was in solchen Parlamentariern steckt! Ich organisierte eine Kundgebung, zu der Tausende von Leuten kamen und die internationale mediale Beachtung fand. Ich schrieb ein Buch, obwohl ich das nie beabsichtigt hatte. Mein Arbeitgeber Pfizer wollte mir den Mund verbieten, und da ich dies nicht mit meinen Prinzipien vereinbaren konnte, wurde mir gekündigt. Das war der letzte Beweis für mich, dass die Schweiz keine freie Demokratie mehr ist.

Immer noch glaubten viele Leute, wenn sie sich duckten und anpassten, würden sie ihre Anstellung sichern können.

Während die Regierung unsere Wirtschaft und Gesellschaft mit Highspeed in den Boden fuhr, glaubten immer noch viele Leute, wenn sie sich duckten und anpassten, würden sie ihre Anstellung sichern können. In meinen Augen war das nichts als naiv, denn die wirtschaftlichen Konsequenzen werden mit mathematischer Konsequenz Hunderttausende in unserem Land treffen. Weil Menschen wie ich sich hingegen nicht einfach beugen, stattdessen existenzielle Risiken auf sich nehmen, sich Schmach, bösen Blicken, Bemerkungen und mehr aussetzen, werden wir zunehmend als gefährlich, als Gefährder und Risiko dargestellt. Wer seitens Behörden so eingestuft wird, kann mit Sanktionen wie elektronischen Fussfesseln, Hausarrest oder Kontaktverbot bis zu neun Monaten Dauer belegt werden, denn praktischerweise hat das Parlament ein entsprechendes Gesetz auf den Weg gebracht, anwendbar auf Kinder ab fünfzehn Jahren, in speziellen Fällen ab zwölf Jahren, von der UNO scharf kritisiert. 2020 holt aus den Menschen raus, was in ihnen ist! Die verantwortlichen Politiker pfeifen also auf Unschuldsvermutung, Gewaltentrennung und Demokratie.

Menschen wie ich sehen in 2020 ein Trainingsjahr. Ich habe entdeckt, was ich tun kann, welche Kräfte in mir stecken. Ich wurde wacher, aufmerksamer, cleverer, es hat mich strategisch geschult und widerstandsfähiger gemacht. Das Beste: Es gibt viele wie mich! Glaubt die Regierung etwa, dass wir uns brechen lassen? Wir denken in unterschiedlichsten Szenarien, und wir agieren auf verschiedenen Ebenen: Kundgebungen, Dialoge, Aufklärung, Referenden, Initiativen – und man darf noch weiteres erwarten.

Für mich ist es klar, dass die Parameter, nach denen die Pandemie am Laufen gehalten wird, weiterhin ständig ändern werden. Es ist auch klar, dass die Kunde von weiteren Mutationen die Massnahmen aufrecht halten sollen und dass diese Mutationen es scheinbar nötig machen, wiederum neue Therapien im Schnellverfahren an der Bevölkerung zu erproben. Für Regierungsgläubige wird jede Meldung ein neuerlicher Schreckensschlag sein, der für sie aus heiterem Himmel kommt. Zugleich wird diese «Pandemitis» aber auch dazu führen, dass immer mehr Menschen gegenüber der Obrigkeit skeptisch werden. So ist es an uns, die wir jetzt schon kritisch gegenüber den Herrschenden sind, uns weiterhin mit allen Mitteln für Menschenrechte, Freiheit und Gerechtigkeit einzusetzen. Letztlich werden wir damit Erfolg haben!

Patrick Jetzer, Pharma-Spezialist, ist durch seine Recherchen zu Covid-19 und dessen Engagement in Form von Kundgebungen und einer Buchveröffentlichung sehr schnell an die Grenzen der freien Meinungsäusserung seines Arbeitgebers Pfizer gestossen. Dieser stellte ihn vor die Wahl still zu sein oder die Stelle zu verlieren. Heute ist er selbständiger Edelmetallhändler. *www.zurich-gold.ch*

Beni Diethelm

Leuchten im Vaterland

Ich liebe die Menschen. Ich liebe deren «Ecken und Kanten», so vielfältig sie auch sein mögen. Aufgewachsen bin ich inmitten einer herrlichen Natur- und Berglandschaft in einer sechsköpfigen Familie, die Wert auf Tradition und Zusammenhalt legt. Prägend ist für mich der Ausspruch von Jeremias Gotthelf: «Im Hause muss beginnen, was leuchten soll im Vaterland». Doch wie steht es heute um dieses Vaterland? Es herrscht Ohnmacht gegenüber dem Staat, Misstrauen gegenüber Behörden und Politikern, Angst und Verzweiflung unter der Bevölkerung.

Den Tod anzuerkennen, sollte uns gerade die Augen und die Herzen öffnen.

Unsere Freiheit und unsere verfassungsmässigen Grundrechte werden massiv eingeschränkt – ja gar ausser Kraft gesetzt. Selbstbestimmtes und eigenverantwortliches Wirken und Handeln haben einen schweren Stand und viele Gegner. In der Geiselhaft von Allmacht Staat sind fast sämtliche Grundsätze von einem Tag auf den anderen über Bord geworfen worden. Nicht Zuversicht und Hoffnung erfüllt mehr die Menschen, sondern vielmehr Sorge um das, was noch kommen mag. Ein beklemmender, unschöner Zustand! Heissgeliebte traditionelle Anlässe werden abgesagt, Vereinsaktivitäten eingestellt, Treffen unter Freunden eingeschränkt, politische Aktivitäten meist nur noch übers Netz (also ohne persönlichen Austausch) getätigt – das gesellschaftliche und politische Leben steht still. Klar ist, dass sich dies auch finanziell auswirkt. Viele – auch ich persönlich, der ich seit über zwanzig Jahren in der Gastronomie arbeite – sind wirtschaftlich hart getroffen worden. Viele wurden und werden weiterhin von der Politik aufs Sträflichste im Stich gelassen.

Für mich aber wiegt der Verlust an persönlicher Freiheit noch viel schwerer als der Verzicht auf Lohn und Brot. Es macht mich traurig, wenn sich Menschen aufgrund der derzeitigen Lage voneinander entfremden, sich kaum mehr begrüssen, geschweige denn die Hand geben oder sich liebevoll umarmen. Wofür leben wir eigentlich? Sind es nicht die gemeinsamen Momente mit unseren Liebsten – mit unseren Freunden, Bekannten und vor allem mit der eigenen Familie, welche uns erst lebenswert und froh machen? Was wollen wir eigentlich noch, wenn uns all dies genommen wird? Ein Leben ohne Liebe? Ein Leben ohne Freude und Mitgefühl? Das wäre doch sinnlos, oder?

Und ja, zum Leben gehört leider auch der Tod. Dies anzuerkennen und sich bewusst sein, dass das Leben nun einmal endlich ist, sollte uns gerade die Augen und die Herzen öffnen. In Vertrauen auf Gott, auf sich selbst und gegenüber allen Mitmenschen, welche sich mutig und beherzt für die Freiheit und Eigenverantwortung einsetzen. Ihnen allen gebührt mein Dank und meine aufrichtige Liebe – ohne sie wäre alles nichts.

Ich trug mich sogar mit dem Gedanken, mich ganz aus der Politik zu verabschieden.

Ich bin ein kritischer Zeitgeist – «e bockbeinete Cheib». Ich will wissen, wieso etwas passiert oder wieso es nicht passiert. Ich möchte Antworten auf offene Fragen – keine Ausflüchte oder vorgefertigten, pauschalen und inhaltslosen Aussagen. Aufklärung tut Not!

Doch auch Teile meiner Partei sind in Fragen der Pandemiemassnahmen zerstritten. Wegen kritischen Fragen meinerseits durch persönliche Attacken von Kollegen verletzt, hatte ich manche schwere Nacht. Gehässigkeiten waren auf mich niedergeprasselt, obwohl ich nur Grundsätze verteidigte, welche bis vor Kurzem bei uns in der Partei noch als selbstverständlich galten. Da fühlte auch ich mich ohnmächtig und trug mich sogar mit dem Gedanken, mich ganz aus der Partei und aus der Politik zu verabschieden. Aber nein, so bin ich nicht! Zu sehr liebe und schätze ich die politische Auseinandersetzung und unsere direkte Demokratie, den Austausch von unterschiedlichen Meinungen und Ansichten, so schwierig es manchmal sein mag. Ich vertraue auf das Gute im Menschen und weiss, dass jeder einzelne seinen Beitrag zu unserem Staatswesen leisten kann, wenn er denn auch will. Gerade jetzt, in dieser für uns alle schwierigen Zeit möchte ich ausrufen: «Macht weiter! Gebt nicht auf! Es lohnt sich, für die Freiheit hinzustehen und für diese auch zu kämpfen!» Ich will selber positiv voranschreiten. Ich will die Geselligkeit unter Freunden weiterhin pflegen, die doch so viele tiefgründige und bereichernde Gespräche mit sich bringt, ich will mich als soziales Wesen im gesellschaftlichen und politischen Leben bewegen und mich darum bemühen, uns einander näherzubringen!

Bernhard Diethelm, geb. am 04. März 1983 in Lachen SZ, wohnhaft in Vorderthal SZ. Tätig im Gastgewerbe seit 1998 als Koch/Küchenchef, davon während 5 Jahren als Wirt. Politisch aktiv seit 1999 (2008 – 2012 Gemeinderat) – seit 2016 als Kantonsrat der SVP. Engagiert in verschiedenen Vereinen und an gesellschaftlichen Anlässen u.a. Weihnachts-Märt Vorderthal. Kirchenschreiber der Kirchgemeinde Wägital seit 2014. *www.bernhard-diethelm.ch*

Albert Knobel

Verfassungsschutz ist Bürgerpflicht!

An einem Oktobermorgen begab ich mich zur Grundschule in Ebikon, um unsere Bundesverfassung zu verteilen und damit auf unsere Grundrechte hinzuweisen. Ich protestierte gegen die Maskenpflicht für Lehrkräfte und Kinder, die nach meinem Verständnis einem Verbrechen gleichkommt: Masken schützen nicht vor Viren und schaden nachweislich mehr als sie nützen. Ich trug mein selbstentworfenes T-Shirt, auf dem der Amtseid abgedruckt ist: «Ich schwöre vor Gott dem Allmächtigen, die Verfassung und die Gesetze zu beachten und die Pflichten meines Amtes gewissenhaft zu erfüllen.» Damit sollen sowohl Behörden als auch Bürger auf die Bedeutung des Amtseids als zwingende Bedingung der Amtslegitimität aufmerksam gemacht werden.

Schon nach wenigen Minuten erfolgte eine Personenkontrolle durch die Polizei und ein Platzverweis. Diesen akzeptierte ich nicht; ich verwies auf die Gefährdung des Kindeswohls und das Willkürverbot. Meine Verteidigung fand kein Gehör, die Wegweisung wurde wiederholt. So argumentierte ich lauter und forderte die Verhaftung von Bundesrat Berset. Daraufhin wurde ich festgenommen und abgeführt, ans Auto gestellt und mit Handschellen gefesselt – was mich im Gedanken an das Unrecht, dem wehrlose Kinder ausgesetzt waren, laut schreien liess.

Im Polizeiwagen wurde mir trotz Hinweis auf mein Attest eine (Pseudo-)Schutzmaske aufgezwungen, was mir wie eine Vergewaltigung vorkam. Man fuhr mich nach Luzern in ein Gefängnis. Dort wurde meine Temperatur gemessen, und man nahm meine Fingerabdrücke, ich musste mein Gepäck und das Handy abgeben, dazu auch alle Taschen komplett leeren. Danach wurde ich in eine kalte Zelle ohne Pritsche, mit offenem WC, Lavabo und Mini-Tisch mit Sitzbank geführt; der Gestank war fürchterlich. Ich wurde gezwungen, mich vollständig auszuziehen. Diese entwürdigende Behandlung machte mich trotz Schlafmangels hellwach, ich fühlte mich ohnmächtig. Die Bundesverfassung, das Zivilgesetzbuch und das Strafgesetzbuch wurden mir verweigert, eine Bibel wollte ich nicht. Ich fror, eine Wolldecke erhielt ich aber erst nach einer oder zwei Stunden. Nebenan randalierte jemand gewaltig, gesprochen wurde dabei Englisch.

Man erfasste alle Segmente meiner Finger und Hände, als wäre ich ein Schwerverbrecher. Was hatte ich getan? Auf öffentlichem Grund unsere Bundesverfassung verteilt.

Am Nachmittag holte man mich ab zum Verhör; auf einen Rechtsbeistand wollte ich nicht warten. Später führte man mich zur grossen forensischen Untersuchung, wo ich aus fünf Richtungen fotografierte wurde (Front, 45 und 90 Grad) und man alle Segmente meiner Finger und Hände erfasste, als wäre ich ein Schwerverbrecher. Was hatte ich getan? Auf öffentlichem Grund unsere Bundesverfassung, die Rechtsgrundlage unseres Staatswesens, verteilt... Schliesslich wurde ich vor die Wahl gestellt, entweder auf einen richterlichen Entlassungsentscheid zu warten oder mich einem DNA-Test zu unterziehen. Im Gefängnis wollte ich nicht übernachten, also unterschrieb ich die «Einwilligung» für diesen Test. Nach acht Stunden in Polizeigewalt stand ich verwirrt, aber frei wieder auf der Strasse.

Ich werde diesen Tag nie verstehen – und die Polizei auch nicht, die sich von der Politik blind und willkürlich missbrauchen lässt!

Geboren im November 1950 und nach christlichen Werten erzogen, legte ich als zwanzigjähriger Soldat bei den Militärradfahrern den Eid unter der Schweizerfahne ab und leistete Aktivdienst bei der Flugplatzbewachung in Genf, als internationaler Terror drohte. In den siebziger Jahren war es mir als Spitzen-Radsportler eine Ehre, die Schweizer Farben in vielen Ländern von Europa, sowie in Nord- und Südamerika zu vertreten. Dies gab mir Einblicke in die Auswirkungen von politischen Ideologien. Dabei kämpfte ich auch aktiv für Menschenrechte in der sozialistischen DDR.

Mir ist es unmöglich, eindeutig fehlbaren Staatsdienern blind zu gehorchen.

Nie hätte ich mir damals vorstellen können, was im Jahr 2020 in der Welt und sogar in der freiheitlich gestimmten Schweiz geschehen würde. Die politisch verordnete «Pandemie» hat unser Leben auf den Kopf gestellt. Sie ist ein globaler Betrug an der Menschheit und ein Verbrechen gegen die Menschlichkeit.

Mir ist es unmöglich, eindeutig fehlbaren Staatsdienern blind zu gehorchen. So kämpfe ich eben für unsere Rechte, trotz entwürdigender Sanktionen durch die Polizei und übler Diffamierung durch die Medien. Manchmal fühlt man sich ohnmächtig gegenüber der Staatsgewalt und auch angesichts der gesellschaftlichen Spaltung. Doch Aufgeben war nie eine Option, denn unsere Freiheit und Sicherheit sowie die Zukunft unserer Nachkommen sind in Gefahr.

Albert Knobel, Vater von zwei Kindern, Grossvater von zwei Enkeln, ist Freiheitsaktivist. Er war nie Mitglied einer politischen Partei und ist darum frei in der Wahl der aktivistischen Formen. Als Elite-Radsportler war er siegreich auch an internationalen Rennen. Über dreissig Jahre lang war er als Selbständiger erfolgreich im Radsporthandel und als Fahrrad-Guide tätig. Seine Herzensanliegen sind das Wohl seiner Mitmenschen und der Schutz unserer Grundrechte.

Melanie Kolic

An der Front

In Berlin sollte am Mittwoch, dem 18. November, vom Deutschen Bundestag ein Gesetz zur Corona-Situation verabschiedet werden, das von vielen als neues Ermächtigungsgesetz bezeichnet wurde. Ich kam morgens gegen sieben in der deutschen Hauptstadt an. Die achtstündige nächtliche Fahrt hatte ich alleine unternehmen müssen, da ich mich sehr kurzfristig für die Teilnahme entschieden hatte.

Bei meiner Ankunft herrschte bereits ein buntes Treiben. Ich war unheimlich aufgeregt, das Adrenalin in meinen Adern und die morgendliche Novemberfrische liessen keine Erschöpfung zu. Der Strom zog mich mit Richtung Brandenburger Tor. Wegen meiner Schweizerfahne wurde ich von zahlreichen Demonstrationsteilnehmern, die ringsum herbeiströmten, angesprochen; man freute sich sichtlich darüber, dass ich den weiten Weg hierher unternommen hatte.

Man warf mir vor, dass ich als Schweizerin aus einem Risikogebiet angereist sei, und wies mich an, das Land sofort wieder zu verlassen.

Sehr viel Polizei war aufmarschiert, nun wurden überall Absperrgitter aufgestellt. Ich wurde angehalten. Man warf mir vor, dass ich als Schweizerin aus einem Risikogebiet angereist sei, und wies mich an, das Land sofort zu verlassen. Die Polizisten reichten mir ein Schild mit der Nummer 5. Ich sollte mich damit aufstellen und fotografieren lassen – was ich verweigerte. So hielt einer von ihnen das Schild schroff vor mich hin, und gegen meinen Willen wurde eine Aufnahme von mir gemacht. Ich begann zu weinen.

Nicht weniger als sieben Polizisten führten mich dann unsanft zu zwei abseits stehenden Kollegen, die sich um mich kümmern sollten. Aber zu meiner Überraschung liessen diese nach einem offenen und menschlichen Gespräch von mir ab, als sie zu einem

Einsatz gerufen wurden. Zur Verabschiedung umarmte ich beide, weil ich so gerührt war und spürte, dass sie ihren Auftrag hier nur ungern erfüllten. Unter Tränen schloss ich mich wieder dem Demonstrationszug an.

Plötzlich schrie mich einer an: «Heul nicht rum!», und schon traf mich seine Faust mitten ins Gesicht.

Wasserwerfer waren bereits in Position gebracht. Mit den grossen Einsatzfahrzeugen in ihrem Rücken bildete die Polizei vor den Demonstrierenden eine Front und versuchte, sich erst mit physischem Druck, bald aber schon mit Faustschlägen und unter Einsatz von Schlagstöcken gegen die Menge durchzusetzen. Zuvorderst standen mehrheitlich Frauen, auch Mädchen und Jungen, ausserdem ältere Menschen. Es gab keine Rücksicht: Pfefferspray wurde vielen direkt ins Gesicht gesprüht. Wen es traf, der erhielt sofort Hilfe von anderen Teilnehmern, die ihn weiter nach hinten weg von der Front in Sicherheit brachten und versorgten.

Ich hatte den Eindruck, dass viele Polizisten von einem Rausch der Gewalt überwältigt wurden. Mich schrie plötzlich einer an: «Heul nicht rum!», und schon traf mich seine Faust mitten ins Gesicht. Ich stürzte rückwärts, wurde aber aufgefangen.

Mein Kopf war wie ausgeschaltet, und trotz meiner Verletzung zog es mich sofort wieder an die vorderste Linie. Aber die anderen Demonstranten um mich herum baten mich zurückzubleiben, weil sie sich wegen des Anblicks meines blutenden und zerschlagenen Gesichts um mich sorgten. Ich wich zurück.

Weiter hinten traf mich der Wasserwerfer, der eine solche Wucht hatte, dass er auch Strassenlaternen zerstörte, mehrmals hart. Völlig durchnässt und am ganzen Leib zitternd erreichte ich erst spät am Abend mein Auto wieder. Nach zwei Stunden Autofahrt in meinen Ersatzkleidern konnte ich der Müdigkeit nicht mehr standhalten. Ich hielt an und schlief im Auto, bis mich nach ein, zwei Stunden die aufkommende Kälte weckte. So fuhr ich etappenweise zurück Richtung Schweizer Grenze. Zuhause kam ich dann am folgenden Abend an. Dort wurde mir erst bewusst, dass ich sichtbare Spuren der Gewalt an mir trug. Wie würde der Chef reagieren? Wie meine Patientinnen am Empfang?

Auf mein blaues Auge wurde ich dann auch oft angesprochen, im Geschäft, beim Einkaufen und im Freundeskreis. Das gab mir die Möglichkeit zu erzählen, was in Berlin wirklich geschehen war – und zwar im Gegensatz zu dem, was in den Mainstreammedien berichtet wurde.

Ich nahm an anderen Kundgebungen teil, aber Berlin stellt wohl eine der gegensätzlichsten Erfahrungen in meinem Leben dar: Tiefste Solidarität und die liebenswürdigen, friedvollen Begegnungen mit Gleichgesinnten einerseits, anderseits die grausame und rohe Gewalt seitens der Staatsorgane.

Die Erfahrungen, die mich teils tief erschütterten, machten mich zugleich innerlich reicher. Hilfe bei der Erholung von den traumatischen Erlebnissen waren mir Freunde, aber auch Menschen, die ich noch vor kurzem nicht einmal gekannt hatte. Durch ihre Unterstützung konnte ich mein Vertrauen ins Leben und in die Menschlichkeit zurückgewinnen.

Melanie Ana Kolic arbeitet in der Zahnarztpraxis und spielt aktiv bei *Fortuna Olten* Fussball. In ihrer Freizeit fährt sie gerne Motorrad, liebt es zu reisen und trifft sich mit Freunden.

Hanspeter Baud

Brief an den Freund

Lieber Gerhard, Du hast mir wegen meinem Lied «Ds'Virüssli», das ich auf Youtube hochgeladen habe, einen «bösen» Brief geschrieben. «Ist dir noch zu helfen?», fragtest du. «Willst du jetzt wirklich gemein machen mit den Rechtsextremen und Covidioten!? Dein Lied ist zynisch in Anbetracht des Leids, das das Virus über uns gebracht hat!»

Auch andere haben sich empört und abwertende Bemerkungen gemacht. Das tat weh! Irritation, Traurigkeit und leise Wut waren meine Gefühle. Meine Bedürfnisse nach Respekt, nach ehrlicher Prüfung aller Argumente, überhaupt danach, gehört und gesehen zu werden, wurden nicht erfüllt.

Im Frühling war ich überzeugt, dass unsere Politiker bald öffentlich auch mit jenen Professoren reden würden, die die Dinge anders sehen, dass ein Krisenteam gebildet würde, welches aus Medizinern, Psycho- und Soziologinnen, Virologen und anderen Fachleuten besteht, dass öffentlich darüber gerungen würde, wie diese Krise zu bewältigen sei und dass wir demokratisch entscheiden würden, was geschehen sollte...

Dieser Verrat an der Wahrheitsfindung war eines meiner schmerzlichsten Erlebnisse des letzten Jahres.

Das Gegenteil ist eingetreten: Über die Andersdenkenden ist eine ungeheure Diffamierungs- und Zensurwelle geschwappt! Sie wurden weder eingeladen noch angehört, ja, ihre Kanäle wurden aus den sozialen Medien gelöscht! Dieser Verrat an der Wahrheitsfindung war eines meiner schmerzlichsten Erlebnisse des letzten Jahres. Das Fehlen von Empathie und die damit einhergehende massive Einschränkung der Grundrechte seitens der Regierungen auf der ganzen Welt haben meinen Glauben an eine offene Gesellschaft und an die Demokratie zutiefst erschüttert!

Lieber Gerhard, ich bin froh, dass wir dank dem gegenseitigen Rest-Wohlwollen doch noch zu einem Austausch kamen und ein paar Mails zum Thema Corona hin und her gingen. Ob wir uns wieder nähergekommen sind?

Du befürchtest, dass Dein alter Freund mit dem Virus der Verschwörung angesteckt wurde und in eine Blase geraten ist.

Wenn ich versuche, in Deinen Mokassins zu gehen, wie die Indianer dem emphatischen Gestus sagen, dann vermute ich, dass es Dir wichtig ist, das Thema Corona ernst zu nehmen, den verantwortlichen Behörden und Wissenschaftlern zu vertrauen und ihnen dafür dankbar zu sein, dass sie uns schützen wollen. Wie ich Dich kenne, hast Du mit jedem Betroffenen Mitgefühl und erwartest es auch von mir. Dein Glaube an die symptomlose Ansteckung führt Dich dazu, andere Menschen schützen zu wollen und durch Abstand und Masken solidarisch zu sein. Du befürchtest, dass Dein alter Freund mit dem Virus der Verschwörung angesteckt wurde und in eine Blase geraten ist. Du möchtest ihn da heraus holen und glaubst, dies mithilfe seriöser Informationen und Quellen, wie dem Spiegel und der NZZ, auch schaffen zu können. Da ich Dich als eine ehrliche Haut erfahren habe, nehme ich Dir das ab und danke Dir für die aufrichtige Absicht.

Ich achte Deine Haltung – und stehe zu meinen Erkenntnissen. Auf den Artikel der NZZ, der die Skeptiker verunglimpft und in die Nähe von Rechtsextremen rückt, habe ich nicht geantwortet, weil er in meinen Augen von geringer journalistischer Qualität ist und ich zuerst Deine Stellungnahme zu meinen Gedanken bezüglich des

PCR-Tests lesen möchte. Apropos NZZ: Den folgenden Satz von George Orwell kann ich voll und ganz unterschreiben: «Journalismus bedeutet etwas zu bringen, von dem andere wollen, dass es nicht veröffentlicht wird. Alles andere ist PR.»

Weisst Du, lieber Gerhard, auch mir tun die erkrankten Menschen aufrichtig leid und ich kann verstehen, dass jemand, der Covid-19 durchgemacht hat, von meinem Lied «not amused» ist. Ich möchte diese Menschen um Nachsicht bitten, denn, so tragisch ihre Einzelschicksale sind, viel tragischer sind die Folgen der von Dir befürworteten Massnahmen! Das Missverhältnis ist gigantisch!

In Anbetracht der enormen Schäden, die diese Massnahmen auf der Welt anrichten und angerichtet haben, scheint es mir blasphemisch, sich über Tests, AfD, Sterbezahlen und dergleichen zu unterhalten. Es gilt, Mitgefühl zu haben mit den wirklich Leidtragenden: mit den Arbeitslosen, den Menschen, die ihre über Jahre aufgebaute Existenz verloren haben und den Suizid wählen; mit all den Kindern und Menschen die in neue Hungersnöte geraten sind. In meinen Augen sind Themen wie Welthunger, ökologischer Fussabdruck, Artenschwund und echte Gesundheitspolitik viel wesentlicher, und sicher sind sie es wert, mit der gleichen Konsequenz angegangen zu werden!

Unsere Sicht auf die Aktualität lässt sich nicht vereinen. Halten wir uns daran: «In Gegensätzen miteinander!» und: «Dissonanz weckt Ichsubstanz!»

Verbunden bleiben wir in unserem Vertrauen in die Phantasie und im Glauben an die weltverändernde Macht der Kunst und Kreativität.

Sei herzlich gegrüsst.

Hanspeter Baud, geb. 1949 ist Lehrer, Liedermacher und Coach und Mitbegründer der Rudolf Steiner Schule Oberaargau, an der er 22 Jahre unterrichtete. Er ist Vater von vier Kindern und Grossvater. Er führt die «Praxis für Kommunikation und systemische Aufstellungen» *www.hanspeterbaud.com* Webseite zum Thema: *www.gesichtzeigen.ch*

Christian Frei

Die Macht des Stockholm-Syndroms

Ich schloss weder meine Schule, das *Lernatelier von Menschen für Menschen*, noch kümmerte ich mich um irgendwelche Massnahmen des Bundesamts für Gesundheit. Hätte ich es getan, so wäre es mir wie eine strafbare Handlung vorgekommen: Es würden damit doch die Menschenrechte verletzt!

Die Kinder darf man zu nichts nötigen, dergleichen wäre für mich ein Kündigungsgrund.

Einer der Lehrer trug eine Maske und meinte, unsere Schüler sollten das auch tun. Er bekam von mir eine Verwarnung: Die Kinder darf man zu nichts nötigen, dergleichen wäre für mich ein Kündigungsgrund. Es gab an meiner Schule auch keinen Zoom-Unterricht, weil dafür keine auf wissenschaftlicher Evidenz beruhende Notwendigkeit bestand. Von neunzig Schülern wurde nur ein Mädchen aus meiner Schule genommen; ihre Mutter fand, ich sei kein seriöser Schulleiter. Ein Vater wollte mich anzeigen; bisher geschah aber nichts.

Mein Schutzkonzept basierte auf Freiwilligkeit und enthielt als Empfehlung folgendes: «*Jeder Mensch handelt in Eigenverantwortung: Maximal ein Meter Abstand halten, damit die Herdenimmunität funktioniert. Keine Zeitungen, kein Schweizer Fernsehen, keine BAG-Infos konsumieren, weil da bewusst verzerrte Zahlen und Panik verbreitet werden. Keine Masken tragen, weil das ungesund und unwirksam ist und man ein Lächeln nicht verbergen sollte. Das Immunsystem wird gestärkt durch Vitamin C, D3, K2, Selen, Zink und OPC, durch lachen, singen, Menschen treffen, sich umarmen, durch Spass und Lebensfreude.*»

Dass unsere Schüler und Lehrer von der Gehirnwäsche der gekauften Medien und unserer kriminellen Regierung verschont wurden, konnte ich allerdings nur bedingt erreichen – trotz dem blauen Kleber am Briefkasten mit der Botschaft: «BAG = Bundesamt für Gehirnwäsche».

Das Immunsystem wird gestärkt durch lachen, singen, Menschen treffen, sich umarmen, durch Spass und Lebensfreude.

Während ich mich um Wahrheit bemühte, kamen mir die Lügen wie Dämonen vor. Zuerst empfand ich Ohnmacht den Erlassen des Bundesrats gegenüber, Verständnislosigkeit, Groll, dann ging meine Gefühlslage über in Verständnis und Mitleid und zum Bedürfnis, den Systemopfern zu mehr Klarheit zu verhelfen.

Meine Frau Jeanette und unsere drei Söhne Nicola (20), Mattia (22) und Luca (26) liessen sich auch nicht von den Panik-Medien beirren. Sie recherchierten selber und liessen der Angst und dem Schrecken keinen Platz.

Trotzdem gelang es mir nicht, eine Familienspaltung zu verhindern. Die von mir und meinen drei Brüdern gegründete Vegi-Restaurantkette Tibits führten wir gemeinsam seit zwanzig Jahren erfolgreich; dort schlug ich dasselbe Vorgehen wie in meiner Schule vor. Bei der Schule funktionierte es, ohne dass ich finanzielle Verluste zu verzeichnen gehabt hätte. Doch meine Brüder konnten nicht glauben, dass unsere Regierung korrupt sei. Ich hatte die Macht des Stockholm-Syndroms unterschätzt. Mit Bedauern musste ich sie in ihrer Welt zurücklassen.

Die Firma Polizei wurde dazu benutzt, Regierungskritik im Keim zu ersticken. Dieser kritiklose Kostümverein zeigte sich jetzt deutlich als ein Gewaltinstrument mit dem Zweck, jeglichen Widerstand zu unterdrücken und absurde Massnahmen durchzusetzen. Ich fühlte mich vorübergehend ohnmächtig angesichts der staatlichen Repressionen und den Gewaltgebärden.

Unfassbar ist mir bis heute, wie so viele Menschen mit dem Verbreiten von Fake News dem Vater der Lüge dienen können, also dem Satan. Die Masken sind doch Bestandteil von satanistischen Ritualen – mindestens aber Symbole des Gehorsams gegenüber einem kriminellen, despotischen Staat, dessen Anstrich von Demokratie sich als Fata Morgana entpuppt hat. Es war der Austausch mit Gleichgesinnten, der mir immer klarer machte, dass wir auf einem spirituellen Feld in einen Kampf zwischen dem Licht und dem Dunkeln verwickelt sind.

So fand ich zurück zur Gelassenheit und versuche heute, dem Dunkeln mit positiven Gedanken entgegenzublicken. Ich glaube die Macht des souveränen Menschen zu spüren, der sich aus den Verstrickungen in die Matrix befreit und zu den Quellen seiner Talente und Urkräfte gelangt: Durch Liebe gelangt man zu Wahrheit, Weisheit, Wissen und Freiheit.

Christian Frei, geboren 1963 in Venezuela, verheiratet mit Jeannette, Vater von drei Söhnen Nicola (20), Mattia (22) und Luca (26), ist Inhaber und Gründer des Lernateliers und Mitgründer der tibits-Restaurants.

Urs Thali

Der Adler

Neujahr. Wir beglückwünschten und umarmten uns herzlich. Ich glaubte noch an den Rechtsstaat und daran, dass unterschiedliche Meinungen Platz haben. Dies sollte sich bald grundlegend ändern.

Ich wurde pensioniert, gehörte also fortan zu den Ü65-ern. Nach einem harten und arbeitsreichen Leben als Selbständiger brauchte ich Abstand. Noch die letzten Projekte abschliessen und übergeben, dann sollte es losgehen! Bald würde ich allein auf einer Wanderung von zuhause aus über die Ostalpen bis nach Slowenien sein. Stattdessen verordnete uns die Urner Regierung Hausarrest.

Später brüsteten sich die Verantwortlichen mit der Schockwirkung. Damit wurde mein rebellischer Geist geweckt. Heute weiss ich mehr und erkenne in der Verbreitung von Angst und Schrecken eine bewusste Strategie. Viele wache Menschen dankten mir für die aufrüttelnden Leserbriefe. Die Entscheidungsträger reagierten mit Verunglimpfung und Ignoranz. Ein Grauen, etwas Unerklärliches lag in der Luft, ähnlich der Vorahnung über ein zerstörerisches Grossereignis, wie das Gefühl vor einem Jahrhundertregen. Angst vor dem Virus hatte ich keine Sekunde lang. Die pausenlos Unheil verkündenden Fernsehbilder aus der Lombardei erinnerten mich an die Anschläge von 9/11. Ich traute ihnen nicht.

Auf meine aufrüttelnden Leserbriefe reagierten die Entscheidungsträger mit Verunglimpfung und Ignoranz.

Freunde zogen sich in ihr *Schreckenhaus* zurück. Gleichzeitig erschienen frische mutige Gesichter, Führungspersönlichkeiten einer neuen Zeit. Früher hatte man von mir für Risikobeurteilungen ein kritisches Hinterfragen und möglichst umfassende Analysen verlangt. Jetzt nannte man das Verschwörungstheorie. Wissenschaftliche Evidenz geriet zum Schimpfwort.

Mich bestürzte es, mit welcher Gleichgültigkeit die Politik die demütigenden Massnahmen durchsetzte und unter dem Vorwand des Gesundheitsschutzes über die Alten verhängte, ohne diese nach ihrer Meinung zu fragen.

Wer sich wie ich ein Leben lang mit Gefahrenmanagement und Krisenbewältigung beschäftigt hat, weiss, dass hier etwas falsch lief. Die Corona-Strategie wurde ohne genaue Kenntnisse der Ursachen entworfen. Erst mit der Zeit verstand ich, dass das gar nicht gefragt war – denn mit der Test-Pandemie wird eine ganz andere Agenda verfolgt: In einem Klima der Angst ist das Volk manipulierbar. Demgemäss wurden Beiträge kritischer Wissenschaftler immer rascher aus dem Netz entfernt. Zensur! In der Tagespresse herrscht dazu Stillschweigen.

Die Grippewelle nahm ihren üblichen Lauf, ebbte auf den Sommer hin ab, und ich gab ich mich der Illusion hin, dass bald Entspannung käme. Stattdessen forcierte der Berner Wolf im Schafspelz die Panik im Volk und forderte mit Drohungen und Bussen. Die Einschüchterung wirkte. Die Urangst vor der Isolation erzeugte Gruppendruck und entwickelte eine Eigendynamik. Nun war für mich die Pflicht zum Ungehorsam gegeben, denn der Rechtsstaat war zum Unrechtsstaat geworden.

Es dauerte Monate, bis die dialogbereiten Kritiker der Massnahmen erstmals in Aarau eine Podiumsdiskussion erhielten. In die Moderation rutschte ich zufällig. Der Geist Gandhis half mir, den Zorn der Anwesenden zu dämpfen. Die Arroganz einzelner Politikerinnen machte mich sprachlos. Dankbar trat ich «Aletheia» bei: Da formierte sich eine Gruppe, die sich um Menschlichkeit, Verhältnismässigkeit, um Grundrechte und den Rechtsstaat kümmerte. Es war mir eine Ehre, dass ich drei Wochen später auf dem historischen Boden zu Altdorf Tells Geschichte mit der Gegenwart vergleichen durfte. Nun gehörte ich endgültig zu den Corona-Rebellen. Alte Freundschaften zerbrachen und neue entstanden.

Aber in dieser verrückten Zeit geschahen auch Wunder. Nach jahrelanger Versöhnungsarbeit erkannte mich mein 92-jähriger Vater offiziell als seinen Sohn an. Er getraute sich aber aus Angst vor dem Virus nicht, mir die Hand zu geben.

Die Entmündigung des Menschen durch die widersinnigsten Massnahmen wurde immer unerträglicher. In der Gesichtsmaske witterte ich instinktiv den Maulkorb und die Unterwerfung. Als man mich aus Restaurants und Lebensmittelläden rauswarf und verängstigte Mitmenschen mich giftig anstarrten, lernte ich, wie viel schwieriger ein Leben ohne Maske war. Diesem demütigenden Unterdrückungssymbol ohne Nutzen werde ich mich nie beugen. Eher gehe ich in den Tod. Ja, die täglich neuen Demütigungen durch den Staat wiesen in eine für mich nicht aushaltbare Zukunft, was Wut und Ohnmacht und erstmals im Leben Suizidgedanken in mir auslöste.

Eine tiefgreifende Begegnung brachte mich zurück zu meinen Mitmenschen. Ich sass hoch oben in den Bergen, an einem felsigen Abgrund. Der Verzweiflung nah, öffnete ich die tränennassen Augen und blickte direkt vor mir in das Auge eines vorübergleitenden Adlers: ein direkter Nachfahre jenes verwundeten Krafttiers, das ich seinerzeit vor einem Wilderer gerettet hatte. Ich spürte, wie der Raubvogel meine Gedanken auffing und mich zurück ins Leben trug. Dankbar und tief erschüttert wurde mir die zentrale Bedeutung der ethischen Grundwerte von neuem bewusst, und ich beschloss mich fortan beim Aufbau einer neuen, liebevolleren und achtsamen Gesellschaft zu engagieren.

Urs Thali setzte sich als selbständiger Forstingenieur ETH 40 Jahre mit Naturgefahren auseinander & realisierte Schutzbauten im Alpenraum. Seit 2020 engagiert er sich für ein verantwortungsvolles Verhalten der Menschen. Hohe ethische Grundsätze und die heilende Kraft der Poesie sind für ihn fundamentale Werte einer Gesellschaft *www.ethik-stern.org*. Unter *www.dupapa.ch* erscheinen demnächst Vater-Sohn Gespräche über die «Corona-Plandemie».

Prisca Würgler

Distanz und Heimkehr

Eine staatlich verordnete Schulschliessung? Dergleichen schien mir noch vor Kurzem unvorstellbar. Doch plötzlich war ich als Mutter und Lehrperson zugleich gefordert: Hier meine eigenen Kinder, die ihren Schulstoff nicht allein bewältigen konnten, dort die Schüler und deren Eltern, für die das Lernmaterial vorbereitet werden musste. Angst hatte ich nie, doch fing ich bald an, mir Sorgen um die Veränderungen in der Gesellschaft zu machen.

Als der Slogan «Halte Abstand – rette Leben» auf den Wänden erschien und an Haustüren anstatt schöner Kränze Plakate prangten, die für asoziales Verhalten warben, kamen meine Grundüberzeugungen ins Wanken. Auf der Suche nach Antworten fand ich mich schon während des Lockdowns an Mahnwachen vor dem Bundeshaus Bern wieder.

Mein Verständnis der Eigenverantwortung wurde mir als exzessiver Egoismus ausgelegt.

Ich fühlte mich veranlasst etwas zu unternehmen. Die Idee zu einer Kundgebung entstand, wobei ich Bezug nahm auf Tell und den Gessler-Gruss.

Die Freude war riesig, als sich am Samstag darauf in Altdorf Hunderte von Gleichgesinnten einfanden. Als Organisatorin sah ich mich dazu aufgefordert, das Wort zu ergreifen – unvorbereitet und zum ersten Mal in meinem Leben öffentlich. Zu meiner Überraschung redete es wie von selber aus mir heraus – oder sogar durch mich hindurch. So wurde ich plötzlich zu einer öffentlichen Person.

Das politische Geschehen drang auf schmerzliche Weise näher an mich heran. Auf der Herbstwanderung trafen sich sämtliche Schulklassen an einer Feuerstelle im Wald. Ich hatte vorgängig angekündigt, keine Maske zu tragen; deshalb war mir von der Schulleitung untersagt worden, im Bus mitzufahren, der uns am Ende des Ausflugs zurück ins Dorf bringen sollte. Nun war die Stimmung angespannt; meine Kollegen entzogen mir die Beachtung. Ich kannte sie alle im Einzelnen als hilfsbereite und liebenswürdige Menschen, doch jetzt schien plötzlich das politische Zeitgeschehen zwischen uns getreten zu sein. Ich war verunsichert, und mir war nicht klar, ob meine Anwesenheit als gesundheitliche Bedrohung wahrgenommen wurde oder ob man es einfach als störend empfand, dass ich mich nicht dem Kollektiv unterordnete. Ich widmete mich ganz den Kindern und war froh, wenn eines während des Picknicks meine Hilfe brauchte.

Später begleitete ich meine Schülerinnen und Schüler zur Bushaltestelle, wo ich sie in den Bus wies; ich stieg als Einzige nicht ein. Den Heimweg ins Dorf organisierte ich selber.

Emotionale Distanzen sind entstanden, von denen ich befürchte, dass sie nicht wieder aufzuheben sind.

Bald kam zu meiner Maskenverweigerung der Vorwurf hinzu, ich würde «nicht im Interesse der Schule» handeln. Dies führte dazu, dass ich von meiner Arbeit als Primarlehrerin freigestellt wurde. Im Gespräch mit einem politisch Verantwortlichen wurde mir mein Verständnis der Eigenverantwortung – dass ich gesund esse, mich bewege, naturnah lebe – sogar als exzessiver Egoismus ausgelegt.

Ich fühle mich missverstanden in meinem Bedürfnis den Menschen Gutes zu tun, mit ihnen in Beziehung zu treten und ein nützlicher Teil der Gesellschaft zu sein. Das Vertrauen von Freunden und Arbeitskollegen zu verlieren, weil wir plötzlich unterschiedlichen Glaubensrichtungen angehören, hat mir viele traurige Momente beschert. Am stärksten eingebrannt hat sich mir das Bild von Freunden, die mir den Ellbogen entgegenstrecken, anstatt sich umarmen zu lassen. Emotionale Distanzen sind entstanden, von denen ich befürchte, dass sie nicht wieder aufzuheben sind.

Mit einem gefestigten Bewusstsein versuche ich mich täglich den veränderten Umständen zu stellen. Das Einkaufen wird zur Mutprobe: Ich wappne mich mit Einkaufsliste, Taschen und gefülltem Portemonnaie, und im Laden bin ich dann einfach froh, wenn kein Verkaufspersonal auf mich zustürmt, um mich auf die Maskentragepflicht aufmerksam zu machen. Wenn ich ausser dem einen oder anderen misstrauischen Blick in Ruhe meinen Besorgungen nachgehen kann, lässt meine anfängliche Anspannung etwas nach. Doch unvermeidlich kommt aus dem Nichts die Durchsage: «Liebe Kunden, bitte halten Sie Abstand und tragen Sie eine Maske. Damit schützen Sie sich und ihre Mitmenschen. Danke für Ihren Beitrag an die Solidarität!» Das scheue Gefühl der Zuversicht, dass sich eingestellt hat, löst sich sofort wieder auf.

Zum Jahresende wurde mir mein Lehrauftrag an der Primarschule gekündigt. Die Begründung? Ich hätte bewusst eine Anzeige der Polizei in Kauf genommen, als ich «an einer Kundgebung als Rednerin ohne Maske aufgetreten» war.

Wo das Tragen einer Maske zum Qualitätsmerkmal einer guten Lehrerin wurde, bin ich wahrscheinlich fehl am Platz. Aber unwidersprochen lasse ich die Kündigung trotzdem nicht.

Prisca Würgler wurde 1981 im Kanton Thurgau geboren. Nach der Ausbildung als Lehrerin und dem Vorkurs der Kunstgewerbeschule zog sie ihr Lebenshunger in die Berge auf die Alp, wo sie jahrelang Kühe molk, Geissen hütete und Käse herstellte. Sie ist Mutter von zwei Kindern, passionierte Lehrerin und arbeitet freiberuflich als Illustratorin. *www.caprisca.ch*

Nachwort

Der Corona-Moment geht weiter

Jeder Mensch hat seinen 9/11-Moment, eine klare Erinnerung an den zeitgeschichtlichen Wendepunkt vor zwanzig Jahren. Er oder sie weiss, wie er es erfuhr, wo sie stand und wer dabei war. Ein prägender Eindruck. Den Deutschen geht es mit dem Mauerfall so, vielen mit dem Tsunami. Es sind Momente der kollektiven Erkenntnis, dass es Grösseres gibt als unser kleines Leben, dass auch die Menschheit so etwas wie ein Schicksal hat.

Mit Corona wäre es ähnlich – wenn sich die Krise nur an einem einzigen Ereignis festmachen liesse. Aber das ist nicht so. Dieses Buch zeigt deutlich, dass jeder seinen eigenen Corona-Moment erlebte, einen Moment des Aufwachens und der Erkenntnis: Wir alle sind zutiefst betroffen.

2020 war ein Jahr der millionenfachen Corona-Momente mit den unterschiedlichsten Färbungen: zaghaft, wütend, ängstlich, entschlossen, spontan und geplant. Es war ein Jahr der vielfältigen Antworten, wild und unübersichtlich, eine eigentliche Kakophonie. Und nicht nur das: Es ging auch alles immer schnell. Hier ein Link, dort ein Like und stets ein «call to action». Was einte, war die Idee eines gemeinsamen Feindes. Für die einen waren es Regierungen, für die anderen Experten, Bill Gates, Globalisten oder Dunkelmächte. Das reicht schon mal für Widerstand. Doch leider nicht viel weiter.

Denn die Krise entfaltet sich weiter in einer Kaskade. Der Impf-Hoffnung wird die Enttäuschung folgen. Es hat reichlich Sand im sozialen Getriebe. Und wirtschaftlich müssen wir uns auf heftige Überraschungen einstellen. Die Finanzmaschine stottert und läuft mit fiktivem Benzin. Es könnte durchaus so schwierig werden, dass kein Widerstand das Übel zu hindern vermag.

Aus dem zersplitterten Widerstand gegen einen diffusen Feind muss ein Aufbau werden. Die anderen haben mit dem «Great Reset» einen klaren Plan der Umverteilung, der uns verspricht, nichts zu besitzen und happy zu sein – wie es in einem Werbevideo des «World Economic Forum» heisst.

Und was ist unsere Vision? Der Ruf «zurück zur Freiheit» greift zu kurz. Denn frei waren wir auch vor Corona nicht. Die Gesetze des Geldes hatten uns fest im Griff. Die Freiheit des monetären Hamsterrades, versüsst durch billigen Konsum, kann nicht die Sehnsucht sein, die uns treibt. Was wir in Wirklichkeit wollen, hat es noch gar nicht gegeben.

Gemeinsam etwas wollen, was es noch nicht gibt, bedeutet Umwälzung, ehedem Revolution genannt. Das hat zunächst nichts mit Pflastersteinen und Soldatenstiefeln zu tun, sondern mit drei alten Idealen, die immer noch verwirklicht werden wollen: die Freiheit, der Mensch zu sein, als der Gott uns gedacht hat; die Gleichheit vor dem Recht, ob reich, arm, weiss oder schwarz; und die Brüderlichkeit im Austausch: Wenn es mir gut geht, geht es dir besser.

Es steht uns also ein Jahr der Umwälzung bevor. Ich bin gespannt, was für Geschichten wir in einem Jahr an dieser Stelle zu lesen bekommen. Sind Sie dabei, Geschichte zu schreiben?

Christoph Pfluger, Verleger, im Februar 2021